Lho La 6006
Rongbuk-Gl.
Chang La 6985
Basislager
5300
Gletscher
Westgrat
Mount Everest
(Tschomolungma)
8848
IV V
III
Lager I II
Zwischenlager
6100
6500
Südgipfel
8760
Westbecken
(„Tal des
Schweigens")
Nuptse
7879
Südsattel 7986
Lhotse
8501
Nuptse-Gletscher
Lhotse-Gletscher
Imja-Gletscher
Ama-Dablam-Gl.
Ama Dablam
6856

Zum dritten Pol

Dmitri Meschtschaninow

Zum dritten Pol

Sowjetische Alpinisten auf dem Mount Everest

VEB F. A. Brockhaus Verlag Leipzig

Titel der Originalausgabe:
Русские на Эвересте. Хроника восхождения

Übersetzung aus dem Russischen
von Günter Müller

Die von der Presseagentur NOWOSTI gelieferten Fotos wurden durch 18 Farb- und 16 Schwarzweißaufnahmen ergänzt, die Ivo K. Petřík zur Verfügung stellte

ISBN: 3-325-00050-9

1. Auflage

Lizenz-Nr. 455/150/48/87
Lektor: Helmut Sträubig
Kartenredaktion: Helmut Sträubig
Buchgestaltung: Rolf Kunze
Kartenzeichnungen: Klaus Thieme
Gesamtherstellung: INTERDRUCK Graphischer Großbetrieb Leipzig, Betrieb der ausgezeichneten Qualitätsarbeit, III/18/97
Redaktionsschluß: 30. 6. 86
Bestell-Nr.: 587 264 6
01700

Inhalt

Karte von Nepal auf der Innenseite des Schutzumschlags
Karte vom Gebiet des Mount Everest auf Vor- und Nachsatz

Die Fotos auf dem Schutzumschlag zeigen den Aufstieg der sowjetischen Alpinisten durch den Khumbu-Eisbruch und den Gipfel des Mount Everest

Dmitri Meschtschaninow

wurde 1947 in Moskau geboren. Nach dem Schulabschluß arbeitete er als Sortierer im Presseversand, als Lastkraftwagenfahrer, Gleismonteur und Chemielaborant, er war Teilnehmer einer geologischen Erkundungsexpedition. Seinen Wehrdienst leistete er bei den Luftstreitkräften der sowjetischen Marine.

Nach Absolvierung der Sprachmittlerfakultät des Moskauer Instituts für Fremdsprachen wandte er sich der Journalistik zu. Er war in der Telegraphenagentur der Sowjetunion (TASS) und bei der Presseagentur »Nowosti« (APN) beschäftigt. Zahlreiche Dienst- und Studienreisen führten ihn in die verschiedensten Gebiete der Sowjetunion und in viele andere Länder der Erde. Mit dem sowjetischen Kreuzfahrtschiff »Michail Lermontow« reiste er als Redakteur der Bordzeitung für die ausländischen Passagiere rund um die Welt.

Seit 1980 arbeitet Meschtschaninow für die Sonntagsbeilage der Zeitung »iswestija«, das Wochenblatt »Nedelja«, wo er die Rubrik »Intenationales Leben« leitet. Im Auftrag der Redaktion schilderte er in dieser Wochenzeitung die vorbereitenden Etappen der sowjetischen Everest-Expedition und begleitete die Teilnehmer in die Trainingslager im Kaukasus, Tienschan und Pamir. Während des Aufstiegs der sowjetischen Bergsteiger auf den Everest gehörte er jener Gruppe von Journalisten an, die vom Verlauf des Angriffs auf den höchsten Gipfel unseres Planeten berichteten.

Vorwort

Rauhe, faszinierende Welt von Gipfeln, riesiges »Reich des Schnees« – der majestätische Himalaja. Ein von Legenden umwobenes Gebirge, das auch heute noch, am Ende des zwanzigsten Jahrhunderts, unergründete Geheimnisse hütet. In funkelnde Eispanzer gehüllte Bergriesen, die bis in die Tropopause emporragen. Ständige Herausforderung für die Menschen. Hier, im Herzen dieses Himalaja, erhebt der Mount Everest, der Tschomolungma – »Göttinmutter der Erde« –, wie die Tibeter ihn nennen, der höchste Berg unseres Planeten, sein graues Haupt fast neuntausend Meter hoch himmelwärts.

Die Geschichte des hartnäckigen Kampfes des Menschen um die Bezwingung der phantastischen Gipfelhöhen des Himalaja ist reich an glanzvollen Siegen, aber auch an tragischen Ereignissen. Bergsteiger mehrerer Generationen haben ihre Kräfte mit dem Tschomolungma gemessen, haben Niederlagen, Verluste erlitten in diesem Ringen auf Leben und Tod, doch jeder Schritt hat sie dem Sieg ein Stück näher gebracht. Und sie haben ihn erst in unserer Zeit errungen, in der zweiten Hälfte des zwanzigsten Jahrhunderts, als zwei von ihnen, der Neuseeländer Edmund Hillary und der aus dem Himalaja stammende Nepalese Tenzing Norgay, ihren Fuß auf den jungfräulichen Schnee des höchsten Gipfels unserer Erde setzten.

Dieser faszinierende und symbolische Sieg menschlichen Geistes und menschlicher Willenskraft war die Krönung der ersten Etappe eines langen und unvorstellbar schweren Weges. Doch eine jede Bergsteigergeneration hat ihren Tschomolungma, hat ihre Probleme, die der Lösung harren. Der »Gipfel der Gipfel« zieht noch immer wie ein Magnet Alpinisten an, die den Sieg der Erstbesteiger wiederholen wollen, neue Opfer bringen und auf neuen, noch nie begangenen Routen zum höchsten Punkt unseres Planeten emporstreben.

Das Buch des Journalisten Dmitri Meschtschaninow erzählt die packende und wahrheitsgetreue Geschichte von der Bezwingung des Tschomolungma durch die erste sowjetische Himalaja-Expedition, die den Gipfel auf einer neuen Route, der bisher schwierigsten, bestiegen hat – über den Pfeiler der Südwestwand. Der Autor ist selbst mit im Himalaja gewesen, hat die Expedition bis zum Fuß des imposanten Bergriesen begleitet. Dort, in Nepal, hat er den vom Berg zurückkehrenden Gipfelstürmern nach ihrem großen Triumph die Hände geschüttelt.

Gewissenhaft und sachkundig schildert Meschtschaninow hier alles, was er erfahren oder selbst gesehen hat. Und er erzählt, wie ich meine, auf so lebendige Art und Weise, daß man das Gefühl hat, selbst dabeigewesen zu sein. Das ist zweifellos auch eine literarische Leistung. Wir wünschen daher dem Buch, daß es den Weg zu den Herzen der zahllosen Freunde des Bergsports finden möge.

Es freut mich insbesondere, daß dieses Buch den Lesern in der Deutschen Demokratischen Republik vorgelegt wird. Wir sind mit den Bergsteigern der DDR seit langem durch die Liebe zu unserem Sport und durch gemeinsame Gipfelbesteigungen eng verbunden. Sie sind uns gute und nahe Freunde. Im Vorjahr haben die Leser in der Sowjetunion mit großem Interesse das fesselnd geschriebene Buch von Fritz Rudolph »Chomolungma und ihre Kinder« kennengelernt, das ins Russische übersetzt worden ist. Wir sind froh und stolz, daß sowjetische Bergsteiger mit ihrem Gipfelsieg die Fortsetzung dazu geschrieben haben.

Boris Romanow

Trainer der ersten sowjetischen Himalaja-Expedition
Vorsitzender des Präsidiums des Alpinistenverbandes der UdSSR

9
Der Gipfel des 8 848 m hohen Mount Everest mit der Südwestwand und dem Südwestpfeiler, über den der Aufstieg der sowjetischen Bergsteiger erfolgte

Der Pfeiler

Onkel Tamms Hütte

Das Basislager nahm allmählich ein bewohntes Aussehen an. In der Mitte ragten hohe Maste auf, die nicht nur als Fahnenmaste, sondern auch als Antennen dienten. Daneben waren geräumige Zelte emporgewachsen: die Messe (der »Speiseraum«) und zwei weitere, in denen die Ausrüstung bzw. die Lebensmittel lagerten.

Beim Bau der Küche hatten alle mit Hand angelegt, voller Eifer und mit Bedacht. Man hatte den Boden geebnet, die so entstandene Fläche mit einer anderthalb Meter hohen Mauer aus Steinblöcken umgeben und das Ganze mit einer Plane überdacht, die man an Ort und Stelle aus Stoffbahnen zusammengenäht hatte. Im Innern hatte man aus flachen Steinen zwei Tische aufgebaut: Auf dem einen wurden die Lebensmittel für die Mahlzeiten zubereitet, auf dem anderen standen die zweiflammigen Gasherde.

Alle waren zufrieden mit dem Werk ihrer Hände. Man hatte nun eine schöne, geräumige Küche, die ihren Zweck erfüllte.

Rund um das »Geschäftszentrum« schlugen die Bergsteiger – jeder, wo es ihm beliebte – ihre bunten Wohnzelte auf. Die kleine Zeltstadt am Fuße des höchsten Berges unseres Planeten hatte sich zur offiziellen Eröffnung schmuck gemacht.

22. März 1982

An den Masten sind feierlich die Staatsflaggen der Sowjetunion und Nepals aufgezogen worden. Das Basislager der ersten sowjetischen Expedition zum Everest ist eröffnet. Fast die gesamte Mannschaft ist beisammen, nur einige wenige fehlen noch. Sie begleiten die Trägerkarawanen, die vor zwei Wochen von Maini Pokhara aufgebrochen sind.

Dort endet die Straße, auf der Lastkraftwagen das Expeditionsgepäck aus Katmandu herbeigeschafft haben. Vier

Karawanen bewegen sich mit einem Abstand von mehreren Tagen auf dem seit Jahrhunderten begangenen Pfad vorwärts, der seit alters von der Hauptstadt Nepals nach Solo Khumbu (dem Hochgebirgsgebiet, in dem die Sherpas leben) und weiter nach Tibet führt. Zwei Wochen sind

12/13
Blick aus etwa 200 km Entfernung auf die Himalaja-Hauptkette vom Süden her

Abendstimmung im Gebiet des Khumbu-Gletschers

Auf den Gebirgspfaden Nepals können Lasten oft nur von Trägern befördert werden

sie unterwegs, in Hitze und Regen, in Schnee und Nebel. Vom frühen Morgen bis zum späten Abend. Hinauf auf einen Paß, hinunter in eine Schlucht und wieder hinauf, in gemächlichem Tempo. Man braucht sich nicht zu beeilen, Hauptsache, man kommt rechtzeitig an. Eine Stunde Marsch, eine kurze Rast, dann wird der Riemen, der die Last tragen hilft, erneut um die Stirn gelegt, und es geht weiter. Junge und Alte, Männer und Frauen schleppen die dreißig Kilo schweren Stücke mit der Ausrüstung und der Verpflegung. Hut ab vor diesen anspruchslosen, meist barfuß laufenden, an die Bedingungen ihrer Gebirgsheimat gewöhnten Trägern. Für sie ist diese schwere Arbeit nicht selten die einzige Erwerbsquelle. In der Regel ist der von der Regierung Nepals festgesetzte Preis für den Lastentransport stabil – 24 Rupien pro Tag (etwa anderthalb Dollar). Doch jede Regel hat bekanntlich ihre Ausnahmen. Mitunter steigt der Preis auf 27, manchmal sogar auf 35 Rupien an.

Jede Preiserhöhung löst unter den Sherpas eine Woge der Begeisterung aus. Diese Menschen sind ihrer Natur nach überhaupt optimistisch. Nach jedem schweren Tagesmarsch, wenn sie sich mit ein wenig Reis gestärkt und am Lagerfeuer erwärmt haben, stimmen sie, schon in der Dämmerung, ihre schelmischen Lieder meist scherzhaften Inhalts an. Bis ihnen einfällt, daß sie am nächsten Morgen mit dem ersten Lichtstrahl wieder aufstehen müssen; dann gehen sie rasch auseinander und legen sich zum Schlafen nieder.

Einige übernachten in »Hotels« mit so klangvollen Namen wie »Everest«, »Makalu« usw., die wie Pilze nach dem Regen entlang dem Pfad aus dem Boden geschossen sind, seit der Himalaja ein beliebtes Ziel von Bergsteigern und Touristen geworden ist. Diese »Hotels« sind gewöhnlich steinerne oder hölzerne Schuppen mit oder auch ohne Pritschen. Fehlen diese, schlafen die Gäste einfach auf dem Fußboden, indem sie aus den Sachen, die sie mit sich oder am Leibe tragen, ein notdürftiges Nachtlager herrichten.

Für die Unterkunft muß man zahlen, wenn auch nicht viel. Doch für die meisten ist auch das noch zu teuer. Sie sind es gewöhnt, ohne die bescheidenen Leistungen des dortigen Service auszukommen. Die Träger legen sich einfach an eine windgeschützte Stelle, schieben die Sperrholzkiste mit der Last unter den Kopf und schlummern ein. Und morgens setzen sie, nachdem sie auf die

Schnelle ihre Fladen aus grobem dunklem Mehl verzehrt haben, den Weg fort.

Die erste größere Ortschaft an dem Karawanenweg ist Lukla in 2200 Meter Höhe. Vordem völlig unbekannt, ist sie nach dem Bau eines Flugplatzes berühmt geworden. Doch das Wort »Flugplatz« will nicht so recht zu dem passen, was man da vor Augen hat. Die schmale und kurze Start- und Landebahn beginnt an einem dreihundert Meter tiefen Abgrund und steigt in einem Winkel von etwa zehn Grad neben dem Steilhang eines Berges an. Auf der einen Seite steht ein hölzernes Schutzdach, unter dem die Passagiere bei Regen ihr Gepäck abstellen, und auf der anderen ein aus Steinen erbautes Häuschen mit einer Antenne auf dem Dach.

Unweit davon, malerisch in der Sonne funkelnd, liegen der zerbeulte Rumpf und die zerbrochenen Tragflächen eines Flugzeuges. Die Einwohner Luklas versichern, es sei das einzige Flugzeugunglück in der Geschichte des »Flughafens« gewesen. »Zudem war es reiner Zufall, daß das Flugzeug damals zerschellte«, fügen sie rasch hinzu. Doch unwillkürlich drängt sich einem der Gedanke auf, der reine Zufall habe wohl eben darin bestanden, daß hier bisher nur ein einziges Flugzeug zerschellt ist. Mit einem Wort, der Flughafen in Lukla hinterläßt einen unauslöschlichen Eindruck.

Die kleinen zweimotorigen Flugzeuge brauchen von Katmandu bis hierher etwa vierzig Minuten. Sie starten in der Hauptstadt Nepals nur morgens, denn in der zweiten Tageshälfte kommt im Gebiet von Lukla gewöhnlich starker Wind auf, der die Wolkenfetzen in die benachbarten Felsschluchten treibt und Sprühregen mitbringt.

Im Prinzip kann man die Lasten mit Flugzeugen nach Lukla befördern und erst hier Träger dingen. Doch diese Variante wurde bei der Vorbereitung der Expedition verworfen. Um sämtliche Lasten zu transportieren, hätte man nicht weniger als zehn Charterflüge mit den so hübsch bunt bemalten Doppeldeckern durchführen lassen müssen, die höchstens fünfzehn Passagiere aufnehmen können. Man beschloß, nichts zu riskieren. Karawanen sind zwar langsam, dafür aber zuverlässig. Flugzeuge sind schnell, jedoch unzuverlässig. Es kommt vor, daß wegen schlechter Wetterbedingungen der Flugverkehr wochenlang stilliegt.

Nur einen kleinen Teil der für die Errichtung des Basislagers und die Überquerung des Khumbu-Eisbruchs not-

16/17
Ein Teil der Mannschaft und der Ausrüstung wurde mit Flugzeugen von Katmandu nach Lukla geschafft, wo jener Pfad beginnt, der zum Mount Everest führt

ROYAL NEPAL AIRLINES

wendigen Ausrüstung hatte man nebst einem fünfköpfigen Vorkommando mit dem Flugzeug vorausgeschickt. Einige Tage später war die Hauptgruppe mit Expeditionsleiter Jewgeni Tamm ebenfalls per Flugzeug in Lukla eingetroffen. Von dort waren sie auf dem bekanntesten und bei den Alpinisten beliebtesten zum Fuß des Mount Everest (8 848 m) und der benachbarten Achttausender führenden Pfad aufgestiegen.

Der Pfad schlängelt sich durch Lukla mit seinen mehreren Dutzend mit Schindeln oder flachen Steinplatten gedeckten Häusern und durchquert auch alle weiteren Siedlungen. Dann führt er, an die Berghänge geschmiegt und deren Relief folgend, allmählich abwärts in eine Schlucht, in deren Tiefe der trübe Dudh Kosi, der »Milchfluß«, rauscht. Am Ufer des an Schnellen reichen Gebirgsflusses hat die kleine Ortschaft Phakding Platz gefunden, deren Name soviel wie »Flaches Schwein« bedeutet. Wie sie zu dem Namen gekommen ist, kann niemand so recht erklären. Man sagt, daß die Einheimischen einst Schweine gehalten hätten. Heute gibt es dort längst keine Schweine mehr, doch der seltsame Name ist geblieben.

Einen Tagesmarsch davon entfernt liegt die größte Siedlung der Sherpas – Namche Bazar. Die letzten Kilometer geht es ständig bergan, die steilen Serpentinen scheinen kein Ende zu nehmen. Bis schließlich am gegenüberliegenden Hang der tiefen Schlucht hinter einer erneuten Wegbiegung die Häuschen von Namche Bazar auftauchen, die aussehen, als seien sie in die dunkelbraunen Felsen gehauen. 3 440 Meter Höhe über dem Meeresspiegel.

In den schmalen gewundenen Gäßchen der Hauptstadt des Sherpa-Gebiets begegnet man an Wochentagen nur wenigen Menschen. Erst sonnabends, wenn der farbenfrohe, lärmerfüllte Markt abgehalten wird, erwacht der Ort. Aus allen Winkeln von »Sherpaland« (so nennen westliche Alpinisten gewöhnlich das Gebiet um Solo Khumbu) strömen von nah und fern die Menschen in Namche Bazar zusammen.

Der Markt beginnt in aller Frühe und endet mittags, wenn sich alles in den Holzbaracken mit ihren grob zusammengefügten Tischen und Stühlen versammelt. Bei einem Krug starkem Reisbier werden dort die letzten Neuigkeiten besprochen, und man wünscht in Gedanken denen, die mit Expeditionen ins Hochgebirge aufgestiegen sind, eine glückliche Heimkehr.

Die Sherpas, tüchtige Jäger und Viehzüchter, offenbarten ihre außergewöhnlichen alpinistischen Fähigkeiten in den zwanziger Jahren unseres Jahrhunderts, als Europäer in Nepal auftauchten, um die Zugangswege zum Fuße der Achttausender des Himalaja zu erkunden. Bald konnte man in großen Expeditionen auf Sherpa-Träger und Sherpa-Bergführer ebensowenig verzichten wie auf Eispickel, Zelte, Seile und die Alpinisten selber.

Keine große Expedition im Himalaja kommt ohne Sherpas aus. Die Namen vieler von ihnen sind in die ruhmreiche, wenn auch oft tragische Geschichte der Bezwingung himmelhoher Gipfel eingegangen. Als Begleiter von Expeditionen aus den verschiedensten Ländern haben sie auf den meisten besonders schwierigen Himalajagipfeln gestanden. Doch viele, sehr viele sind nicht zurückgekehrt.

Der Pfad führt weiter bis zu dem in 3867 Meter Höhe auf einem langen Kamm gelegenen berühmten buddhistischen Kloster Thangboche. Seine Silhouette ist von Namche Bazar aus gut zu sehen, es scheint zum Greifen nahe zu liegen. Doch in Wirklichkeit sind es fünf, sechs Stunden bis dorthin. Die ganze Zeit ragt dabei zur Rechten der wunderschöne Gipfel des Ama Damblam (6863 m) einem riesigen schneeweißen Hauer gleich in den Himmel. Anfangs steigt der Weg nicht allzu steil an, dann fällt er jäh zu einem Wildbach ab, den er auf einer schwankenden kleinen Brücke überquert, und windet sich auf der anderen Seite über den steilen Hang des Kammes hinauf.

Nach kräftezehrendem Anstieg mit 600 Meter Höhenunterschied gelangt man durch einen mit Skulpturen geschmückten hölzernen Torbogen auf eine weite, überraschend ebene Wiese, auf der sich das Kloster erhebt. Keine Expedition, die den Everest von Nepal her angehen will, läßt Thangboche abseits liegen.

Es ist zur Tradition geworden, dem Kloster vor dem Aufstieg ein Opfer darzubringen. Eine feste Taxe gibt es nicht, jeder spendet, soviel er will oder kann. Nach kurzer Beratung mit den Kameraden legte Jewgeni Tamm 100 Dollar auf den Altar. Der Abt, mit der Summe zufrieden, ging sogleich ein Gebet sprechen, daß gutes Wetter und Erfolg die Bergsteiger begleiten mögen.

Thangboche ist auch als Zentrum jener ausgedehnten Hochgebirgsregion berühmt, in der man auf Spuren des »Schneemenschen« gestoßen sein will. Vor längerer Zeit, 1951, soll ein solcher »Yeti«, wie die Nepalesen ihn nen-

20/21
Für viele Sherpas ist das Schleppen des Gepäcks von Bergsteiger-Expeditionen häufig die einzige Verdienstmöglichkeit

Nach dem mühseligen Tagemarsch ist es für die Träger eine Erholung, wenn sie sich im kristallklaren Wasser der Gletscherflüsse waschen und baden können

nen, leibhaftig auf der Lichtung vor dem Kloster aufgetaucht sein. Als er die sich ihm nähernden Mönche erblickte – so erzählt man sich –, habe er sich geschwind im Rhododendrongebüsch versteckt und ward nie mehr gesehen. Doch man braucht keineswegs erst bis zu dem Kloster hinaufzusteigen, um eine neue Geschichte über den rätselhaften Bewohner des Himalaja zu hören.

Kaum ist man in eine Maschine der Königlich Nepalesischen Fluggesellschaft gestiegen, wird man unweigerlich an jenen lauten Rummel der fünfziger Jahre erinnert, als die Kunde vom »Schneemenschen« um die Welt ging. Schon an der Gangway drücken brünette Stewardessen den Passagieren bunte Prospekte mit der Aufschrift »Yeti Service« und dem Bild jenes Wesens in die Hand, das die ganze Sensation ausgelöst hat – eines sympathischen dichtbehaarten »Schneemenschen« in schneeweißer Schürze, der ein Tablett mit Schnapsgläsern in der mächtigen Pranke hält.

Nach der Landung in Katmandu gelangen die Touristen in die festen Fänge der Firma »Yeti Travel« und werden im Hotel »Yak and Yeti«, dem besten der Hauptstadt, untergebracht. Auf Reklametafeln, auf den Aushängeschildern von Hotels und Restaurants, von kümmerlichen Kneipen und Kramläden, die alles mögliche vertreiben – überall springt einem das Wort »Yeti« in die Augen. Kurz, der Yeti ist zum Antriebsmotor für Handel und Kommerz in Nepal geworden.

Ob der legendäre Schneemensch wirklich im Himalaja umherstreift, das weiß keiner. Seine Spuren hat man angeblich gefunden, ja man will ihn sogar mehr als einmal von ferne gesehen haben, doch weder Einheimische noch gut ausgerüstete Expeditionen haben ihn je zu fangen vermocht. Doch wie dem auch sei, die Sherpas jedenfalls versichern, daß es Yetis gibt. Sie berufen sich dabei auf Erzählungen von alten Leuten, die dem »furchterregenden Schneemenschen« begegnet seien, und raten, sich jenen Skalp eines Yeti anzusehen, den man im Kloster Pangboche aufbewahrt.

Pangboche liegt einige Wegstunden von Thangboche entfernt, etwas abseits des Hauptpfades. Der Skalp des Yeti wird in einem dämmrigen Raum im Obergeschoß des Klosters aufbewahrt. Der Wächter zieht mit feierlicher Miene aus einer Holzkiste ein helmförmiges, mit Haarresten bedecktes Stück Haut.

Wann und wie der Skalp dorthin gekommen ist, weiß

auch niemand. Es heißt, vor mindestens drei-, vierhundert Jahren. Ein Kultgegenstand ist er nicht, doch die Bewohner der umliegenden Dörfer meinen, es könne Unheil und die Rache der Geister heraufbeschwören, wenn man sich von dem Skalp trenne, der nun einmal so lange in dem geheiligten Kloster aufbewahrt worden sei. Weder für Geld noch für gute Worte – und an verlockenden Angeboten hat es nicht gefehlt – sind die Mönche bereit, die »Yeti-Reliquie« herzugeben.

Einmal hat der Skalp aber dennoch die Mauern des Klosters verlassen. Der Erstbezwinger des Everest, Edmund Hillary, Leiter einer der Expeditionen, die vergebens den legendären Schneemenschen aufzuspüren suchten, überredete 1960 die Mönche, ihm die Reliquie für einige Zeit auszuhändigen. Aus Hochachtung für den im Himalaja nicht weniger legendären Bergsteiger willigten sie ein, unter der Bedingung, daß einer von ihnen den unersetzlichen Schatz Tag und Nacht bewachen müsse.

Auf diese Weise gelangte der Yeti-Skalp in die Hände europäischer Forscher, die zu dem einmütigen und eindeutigen Schluß kamen – eine Fälschung! Eine alte zwar, aber mit hundertprozentiger Sicherheit eine Fälschung. Die Sherpas freilich bekümmerte das Gutachten der Spezialisten nicht im geringsten. Der in seine Holzkiste im Obergeschoß des Klosters zurückgekehrte Skalp war und bleibt für sie auch in Zukunft eine kostbare Reliquie.

Übertriebene Pietät bringen sie der Reliquie freilich nicht entgegen. Man kann diese fotografieren, mit den Händen berühren, ja sie sogar aufstülpen, wenn man den Wunsch hat, auch das gilt nicht als Frevel. Frevelhaft handelt nur der Besucher, der es vergißt, dem Kloster ein paar Rupien zu spenden, wenn er sich beim Abschied in das dicke Gästebuch einträgt. Dann bedeutet man ihm höflich, aber bestimmt, daß er für die Besichtigung der irdischen Überreste des Schneemenschen in Pangboche ein Entgelt zu entrichten habe.

Oberhalb dieses Klosters ändert sich das Landschaftsbild auffällig. Die malerischen Wälder, die Rhododendronbüsche mit ihren weißen, roten und gelben Blüten bleiben unter einem zurück, werden abgelöst von kahlen steinigen Hängen, auf denen da und dort kleine Inseln von kümmerlichem, unter der glühenden Sonne verdorrtem Gras zu sehen sind. Die Sonne brennt mit aller Kraft, natürlich tagsüber, nachts aber bläst ein schneidender Wind, graupelt es.

Auf den Felsen längst des Pfades, auf riesigen, von Wind und Regen abgeschliffenen Steinblöcken sieht man immer häufiger Schriftgirlanden, die buddhistische Gebete beinhalten. Die Natur gilt dort als heilig und ist Gegenstand religiöser Verehrung. Die Sherpas beten unter freiem Himmel an heiligen Orten, die sie durch verschiedenfarbene Wimpel und Bänder kennzeichnen. Immer häufiger sieht man längs des Pfades Steinbrocken, in die Namen in verschiedenen Sprachen und zwei Daten eingemeißelt sind: Geburts- und Sterbetag. Sie erinnern an Menschen, die bei der Besteigung von Himalajagipfeln den Tod fanden.

Wir befinden uns in 4200 Meter Höhe. In einem engen Tal, auf drei Seiten von den Schneehauben der Gipfel umrahmt, durch das der eisige Wind bläst, werden die Häuser eines der am höchsten gelegenen Sherpadörfer sichtbar. Es heißt Pheriche und besteht nur aus einer Handvoll einstöckiger kleiner Steinbauten hinter niedrigen steinernen Einfriedungen, die sich die zentrale und einzige »Straße« entlang hinziehen.

Dann windet sich der Pfad wiederum aufwärts und mündet schließlich an einem mit blendendweißem Schnee bedeckten Gletscher. Die Hochgebirgsträger, die Sherpas, haben keine Sonnenbrillen. Nach einem beschwerlichen Marsch sitzen sie mitunter stundenlang auf einem Gletscher und tauchen das Gesicht in den lockeren Schnee. Auf diese Weise kurieren sie die Schneeblindheit. Unsere Karawane mit dem Hauptgepäck hat aber eine große Schachtel mit Sonnenbrillen mitgebracht. Nun werden unsere Sherpas es leichter haben.

Es geht noch einige Stunden bergan. Dann öffnet sich der Blick auf das alte Bett des berühmten Khumbu-Gletschers. Unweit davon, auf einer verhältnismäßig ebenen, allen Winden ausgelieferten Fläche liegt ein kleiner Friedhof. Genauer gesagt, ein Ort, an dem die Seelen der Sherpas ihre Ruhe finden, die für immer an den Hängen des Everest und der benachbarten Himalajariesen geblieben sind. Die Leichname der Verunglückten werden verbrannt, zu Ehren eines jeden von ihnen errichtet man eine kleine Steinsäule. Es sind nicht viele, kaum mehr als zehn. Der Tradition entsprechend setzen die Sherpas diese schlichten Denkmäler lediglich jenen Toten, deren Leichen man gefunden hat. Die Namen der übrigen leben nur im Gedächtnis der Freunde und Verwandten weiter.

Höhe 5000 Meter. Die Seitenmoräne des Khumbu-Glet-

24
Selbst Frauen und Kinder schleppen schwere Lasten

26/27
Terrassenfelder prägen das Bild der Landschaft an der Straße, die aus Indien nach Katmandu und weiter nach Tibet führt

schers beginnt. Hier befindet sich »Gorak-Shep«, das wohl am höchsten gelegene »Hotel« der Welt. Noch einige Kilometer, und wir haben schließlich eine Höhe von 5300 Metern erreicht. In dieser Höhe wird das Basis lager errichtet, das monatelang das Zuhause der Expeditionsteilnehmer und ihrer treuen Helfer aus dem Volke der Sherpas werden soll.

Die Karawanen werden erst in einigen Tagen eintreffen, doch die Arbeiten zur Präparierung der Route und zur Einrichtung der Zwischenlager laufen bereits auf vollen Touren. Das erste ernste Hindernis auf dem Weg der Alpinisten, die sich anschicken, den höchsten Berg des Planeten von der nepalesischen Seite her zu bezwingen, ist der Khumbu-Eisbruch, der häufig »Weg des Lebens« genannt wird, obwohl er mitunter eher zu einem »Weg des Todes« wird. Über ihn führt der einzige Weg nach oben, in das Westbecken, wo der mächtige Khumbu-Gletscher beginnt. Zunächst fließt dieser einige Kilometer ruhig dahin, bricht dann aber jäh in einer sechshundert Meter hohen Stufe ab, biegt im rechten Winkel zur Seite, beruhigt sich wieder und strömt dann noch ein Dutzend Kilometer gleichmäßig abwärts.

Der riesige Absatz – das ist der Khumbu-Eisbruch, der lange Zeit als unüberwindbar galt. Zahllose und keineswegs übertriebene Erzählungen von Tragödien, die sich hier abgespielt haben, von Expeditionen, welche die chaotische Anhäufung von Eistrümmern nicht zu überwinden vermochten, von der Tücke bodenloser Spalten, die den Eisbruch längs und quer durchziehen, haben ihm zu traurigem Ruhm verholfen.

Von der Seite her gesehen erinnert der Khumbu an einen plötzlich zu Eis erstarrten reißenden Gebirgsfluß. Aber dieser Eisstrom fließt weiterhin langsam – einen Meter in vierundzwanzig Stunden – abwärts. Der Eisbruch verändert ständig sein Antlitz: Ist eine gewisse Zeit vergangen, kann der begangene Weg schon wieder unpassierbar oder zu gefahrvoll geworden sein, und man muß neue Varianten für den Aufstieg suchen.

Die Route ist mit roten Fähnchen markiert, der Weg mit Seilgeländern gesichert, über die Spalten sind Duraluminiumleitern geworfen. Die gefährlichste Stelle befindet sich im oberen Teil des Khumbu: eine siebzig Meter hohe steile Eiswand mit einer Querspalte etwa in halber Höhe. Am Fuße der Eiswand klafft eine weitere mit Eisbrocken gefüllte Spalte. Oben hängen tonnenschwere, bläulich schimmernde Brocken über, bereit, jeden Augenblick in die Tiefe zu stürzen.

24. März

Zwei Tage nach der offiziellen Eröffnung des Basislagers wurden in einer Höhe von 6100 Metern, ein Stück oberhalb der Stelle, wo der Gletscherbruch beginnt, die Zelte eines Zwischenlagers aufgeschlagen. Darin konnte man notfalls bei schlechtem Wetter Schutz suchen, neue Kraft sammeln oder einen Teil der Lasten zurücklassen. Der mit roten Fähnchen markierte Weg führte sodann weiter über das schneeweiße Plateau des Westbeckens (»Tal des Schweigens«). Seine riesige, von Berggraten eingeschlossene Mulde ist da und dort von besonders tückischen Spalten durchzogen, die unter einer dünnen Schneeschicht verborgen sind.

Links sind die Abstürze des Everest-Westgrats zu sehen, zur Rechten der Nuptse, und in der Mitte ragt der vierthöchste Achttausender der Erde, der Lhotse, empor. Weiter verläuft die Route unterhalb der Hänge des Nuptse, der ein bläulich schimmerndes Halsband von Gletschern umgehängt hat. Noch einige Kilometer, und vor uns öffnet sich das imposante Panorama des Everest. Nun ist er ganz zu sehen, vom Fuß bis zur Spitze. Und da ist auch er, der zweitausend Meter hohe Pfeiler der Südwestwand, der als absolut unüberwindbar gilt.

25. März

Am Wandfuß schlagen wir, in 6500 Meter Höhe, das Lager I auf. Hier beginnen viele Routen auf den Everest und den Lhotse. Eine Unmenge Müll liegt herum, den vorangegangene Expeditionen zurückgelassen haben. Er bewegt sich zusammen mit Schnee und Eis langsam in die Gegend des Basislagers und noch weiter abwärts. Die Verschmutzung des Himalaja wird allmählich bedrohlich. Wenn das so weitergeht, dann türmen sich in absehbarer Zukunft am Fuße der populären Achttausender Berge von leeren Konservenbüchsen, Pappschachteln, Flaschen, Papier und sonstigem Unrat.

Es beginnt die Beförderung der Lasten zum Lager I. Die schwierigste Stelle ist dabei der Khumbu-Eisbruch. Vom Basislager aus mutet er ziemlich klein an, doch seine Überquerung zermürbt einen völlig. Der Hauptteil der Arbeit lastet auf den Schultern der Sherpas. Von der Seite sieht es aus, als habe jemand den ganzen Eisbruch mit bunten Girlanden behängt – das sind die Träger, die an dünnen Seilgeländern aufsteigen. Sie sind gut akklimati-

30/31
Im Hochgebirge von Nepal werden noch heute die Lasten fast ausschließlich von Yaks oder Menschen transportiert; das bei den Sherpas übliche Tragband wird um die Stirn gelegt

siert und legen den ganzen Weg bis zum Lager I ohne sichtliche Anstrengungen zurück.

Die Kleidung der Sherpas ist bunt zusammengewürfelt, jeder trägt am Leibe, was er eben hat. Auf ihren Kleidungsstücken sind die Namen der verschiedensten Länder und Alpinistenklubs zu sehen. Die Ausgabe von Kleidung und Ausrüstung an die Hochträger ist unerläßliche Bedingung jedes Kontrakts. Und da viele von ihnen im Laufe des Jahres an der Arbeit mehrerer Expeditionen teilnehmen, häufen sich bei ihnen überzählige Ausrüstungsgegenstände an, die sich vorteilhaft verkaufen lassen. Das tun die Sherpas dann auch, sie erhöhen auf diese Weise das bescheidene Budget ihrer Familien.

Alle Mitglieder unserer Expedition haben freundschaftliche Beziehungen zu den Sherpas angeknüpft, zu diesen freundlichen und ausgeglichenen, treuen und verläßlichen, bewundernswert starken und zähen Menschen. Gäbe es Weltmeisterschaften im Lastentragen unter Hochgebirgsbedingungen, würden ohne Zweifel sie den Sieg erringen. Eine ganz andere Sache ist, daß die meisten Sherpas die Technik der Begehung schwieriger Felsabschnitte nur schlecht beherrschen, an denen die künftige Route so reich sein würde (es hat sie ja niemand die Technik des Felskletterns gelehrt). Volle Gewißheit, daß sie es schaffen werden, gibt es nicht, erst die Zukunft würde es zeigen.

Vorerst aber läuft der komplizierte Mechanismus der Expedition hoffnungsvoll an. Von unten sind die Karawanen mit den Lasten eingetroffen; einige Tage braucht es, bis alles ausgepackt und sortiert ist. Nachdem die Träger ihre wohlverdienten Rupien erhalten haben, kehren sie wieder nach unten zurück. Am Fuße des Berges bleiben nur jene zurück, die es auf sich genommen haben, an unserer Seite mehrere Monate für das gemeinsame Ziel – den Sieg über den Everest – zu arbeiten. Einen Sieg, der immer einen hohen Preis hat.

26. März nachts

Der Everest zeigt sich zum erstenmal von seiner grausamen Seite. Unerwartet erhebt sich starker Wind, der beinahe das im Lager I aufgestellte geräumige Zelt umgerissen hätte. Die Böen werden immer stärker. Einige Halteseile lösen sich, mit Mühe befestigt man sie wieder. Doch es hilft nichts. Der Orkan beginnt die Pflöcke aus dem Schnee zu reißen, an denen die Seile befestigt sind. Man rollt das Zelt ein, bevor der Sturm es zerfetzt.

Gegen Morgen scheint der Wind nachzulassen. Als die Leute versuchen, das Zelt wieder aufzurichten, sehen sie, welch großes Loch der nächtliche Orkan trotzdem in die Leinwand gerissen hat. Der Wind bläst durch dieses Loch wie ein gewaltiger Staubsauger, der alles, was nicht niet- und nagelfest ist, aus dem Zelt mit sich reißt und seine Beute heulend durch das Tal des Schweigens vor sich her treibt. Einer muß das Loch mit seinem Körper abdecken, damit überhaupt noch etwas im Zelt zurückbleibt. Einige Stiefel findet man in der Nähe wieder, eine Daunenjacke aber ist verschwunden. Erst einige Tage später entdeckt man sie zufällig in einer tiefen Spalte, etwa zweihundert Meter vom Lager entfernt.

Unten im Basislager geht das Sortieren des Expeditionsgepäcks indessen weiter. Das Leben dort verläuft in einem festen, von der Tagesordnung, genauer gesagt, von der Essenausgabe diktierten Rhythmus: 6.00 Uhr Frühstück für jene Bergsteiger, die auf die Route gehen, 9.00 Uhr allgemeines Frühstück, 12.00 Uhr zweites Frühstück, 14.00 Uhr Mittagessen, 19.00 Uhr Abendbrot. Die meisten Expeditionsmitglieder sind noch schlecht akklimatisiert. Alle leiden unter Kopfschmerzen und trockenem, quälendem Husten.

Die für die Akklimatisierungszeit natürlichen und nicht immer vermeidbaren Unpäßlichkeiten schmälern aber in keiner Weise die schöpferischen Potenzen der Witzbolde unserer Expedition. »Plätze« und »Straßen«, ja sogar »Sackgassen« im Basislager bekommen ihre Namen. Die Zelte erhalten Aufschriften, aus denen hervorgeht, wer darin wohnt. »Onkel Tamms Hütte« gehört, wie unschwer zu erraten ist, dem Leiter der Expedition.

Jewgeni Tamm

Er ist 55 Jahre alt. Die Liebe zum Bergsteigen hat ihm sein Vater vermittelt – Igor Tamm, ein bekannter sowjetischer Physiker, Akademiemitglied und Nobelpreisträger, der seinen Urlaub stets in den Bergen zu verbringen pflegte und seinen Sohn mitnahm. Mit zwölf Jahren stand Tamm junior bereits sicher auf Skiern und hatte schon leichtere Aufstiege hinter sich. Sein erster Gipfel war der Sunachet im Kaukasus.

Auch bei der Wahl seines Berufs trat er in die Fußstapfen des Vaters, lediglich mit dem Unterschied, daß er sich nicht der theoretischen, sondern der experimentellen Physik verschrieb. Jewgeni Tamm ist Doktor der physikalisch-mathematischen Wissenschaften und leitet einen

34/35
Im Süden Nepals baut man auch Reis überwiegend auf Terrassenfeldern an

So stellt man hier Bretter her

Sektor des Lebedew-Instituts für Physik bei der Akademie der Wissenschaften der UdSSR.

Seine ganze Freizeit gehört den Bergen. Er ist stellvertretender Vorsitzender des Alpinistenverbands der UdSSR, mehrfacher Teilnehmer und Leiter von Expeditionen zu den Siebentausendern des Pamir und des Tienschan. Er hat Erstbegehungen neuer Routen auf den Pik Kommunismus, den Chan Tengri von Norden her und auf den Pik der 26 Bakuer Kommissare absolviert.

Sein Sohn Nikita und seine Tochter Marina sind, obwohl sie (rein theoretisch) die Liebe des Vaters zu den Bergen teilen, selber keine Bergsteiger (in der Praxis) geworden. Nun ruht die Hoffnung Jewgeni Tamms auf seinen Enkeln, die, wie er glaubt, die alpinistische Familientradition nicht abreißen lassen werden.

Weit besser stehen in dieser Beziehung, nebenbei bemerkt, die Dinge bei Anatoli Owtschinnikow, dem Cheftrainer der Expedition, und dem Trainer Boris Romanow. Sie wohnen am Rande des Basislagers in benachbarten Zelten, in jener Ecke, der die Witzbolde der Expedition den inoffiziellen, dafür aber bissigen Namen »Trainersackgasse« gegeben haben.

Anatoli Owtschinnikow

ist 55 Jahre alt. Seine Liebe zur Bergsteigerei entdeckte er im ersten Studienjahr an der Moskauer Technischen Hochschule »N. E. Baumann«, wo er auch heute noch als Hochschullehrer wirkt. Er ist Professor, Doktor der technischen Wissenschaften.

Owtschinnikow zählt zu den namhaftesten sowjetischen Bergsteigern und trägt den Ehrentitel »Schneeleopard«, der für die Bezwingung aller vier Siebentausender des Landes verliehen wird. Er ist Mitglied des Präsidiums des Alpinistenverbands der UdSSR, Leiter der Ausbildungsabteilung des Internationalen Alpinistenlagers »Pamir« und mehrfacher Champion der Sowjetunion in der Klasse der Hochrouten. Er war in den Gebirgen Englands und Japans und hat schwierige Routen auf die Aiguille du Midi und die Barre des Écrins in den französischen Alpen gemeistert.

Sohn Wladimir sowie Töchter Anna und Jewgenija sind ebenfalls schon lange begeisterte Bergsteiger, auch wenn sie keine spektakulären Erfolge zu verzeichnen haben. Anatoli Owtschinnikow bekümmert das nicht, er vertritt die Meinung, weit wichtiger sei es, sich in den Bergen vom Streß des modernen Lebens zu erholen und neue Kraft zu schöpfen. Außerdem könne man dort eher als etwa an der See aufrichtige und zuverlässige Freunde finden.

Boris Romanow

Er ist derselben Meinung. Kein Wunder, hat er doch selber seine Frau Tatjana auf einer Bergfahrt kennengelernt. Ihr ältester Sohn und die Tochter Swetlana haben bereits beachtliche alpinistische Erfolge errungen, und der zehnjährige Dima ist fest entschlossen, ihnen nachzueifern und ebenfalls ein würdiger Vertreter dieser harmonischen Bergsteigerfamilie zu werden.

Die sportliche Laufbahn des Familienoberhauptes begann mit der Bezwingung des Pik Nikolajew im Kaukasus. Dem folgten schwierigere Gipfel und Routen. Boris Romanow war mehrmaliger Teilnehmer und Leiter von Expeditionen auf die Siebentausender der Sowjetunion. Er genießt große Autorität unter den Bergsteigern und ist Vorsitzender des Alpinistenverbands der UdSSR. Er hat u. a. die legendären Gipfel Petit Dru und Aiguille du Midi in den Alpen bezwungen.

Der 54jährige Boris Romanow, Kandidat der medizinischen Wissenschaften, ist Lehrstuhlinhaber am Moskauer Medizinischen Setschenow-Institut. In seiner Freizeit widmet er sich neben dem Bergsteigen zusammen mit seinen Söhnen der Jagd oder dem Angelsport.

Nachdem wir die Männer kennengelernt haben, die sozusagen das »Hirn« der Expedition repräsentieren, wollen wir uns nun damit befassen, wie der von ihnen ausgearbeitete taktische Plan zur Bezwingung des Mount Everest aussieht.

Jede Seilschaft soll drei Aufstiege am Berg unternehmen, sich dabei akklimatisieren und zugleich die Route vorbereiten, Zwischenlager einrichten und die notwendige Ausrüstung hinaufbefördern. Die Akklimatisierung soll bei aufeinanderfolgenden Aufstiegen bis 6500, 7500 und 8500 Meter Höhe erfolgen, zwischen denen jeweils vier bis sechs Tage Erholung im Basislager liegen.

Bei jedem Aufstieg müssen die genannten Höhen mehrmals erreicht werden, da jeder Bergsteiger denselben Abschnitt der Route mehrmals zurücklegen muß, um Ausrüstung, Sauerstoff, Verpflegung, Brennmaterial hinaufzutragen. Doch damit wir ein möglichst genaues Bild von dem gewinnen, was an den Hängen des Everest ge-

38/39
Angehörige des Sherpa-Volkes

Vom Dorf Pheriche aus bietet sich ein einzigartiger Blick auf den Ama Damblan

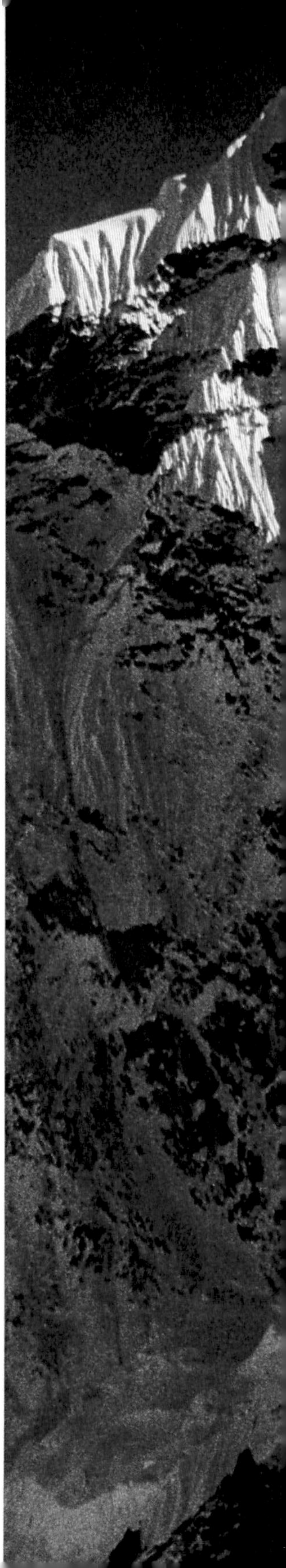

schieht und geschehen wird, wer welche Arbeit ausführt, wollen wir die daran beteiligten Seilschaften kurz vorstellen:

1. Seilschaft: Eduard Myslowski (Leiter), Nikolai Tschorny, Wladimir Balyberdin, Wladimir Schopin.

2. Seilschaft: Walentin Iwanow (Leiter), Sergej Jefimow, Michail Turkewitsch, Sergej Berschow.

3. Seilschaft: Jerwand Iljinski (Leiter), Sergej Tscheptschew, Kasbek Walijew, Waleri Chrischtschaty.

4. Außerdem gehört zur Expedition noch eine weitere Seilschaft, die erst kurz vor der Abreise nach Nepal zusammengestellt worden ist.

Um beim schwierigsten Abschnitt am Pfeiler der Südwestwand nicht so sehr auf die Hilfe der Sherpa-Hochträger angewiesen zu sein, wurde beschlossen, die Gipfelmannschaft der Expedition vorsichtshalber noch durch eine Hilfsgruppe zu verstärken. Ursprünglich war vorgesehen, daß sie bei der Einrichtung der Zwischenlager und dem Lastentransport dorthin eingesetzt werden sollte, und ihr Aufstieg zum Gipfel war nur bei günstigem Verlauf des ganzen Unternehmens geplant.

Später, als man schon im Himalaja war, hob der Trainerrat die Einteilung der Expeditionsmannschaft in Kern- und Hilfstrupps auf. Alle standen jetzt gleichberechtigt vor dem Gipfel. Alle erhielten die gleichen Chancen beim Sturm auf den Everest.

Die 4. Seilschaft bestand aus fünf Alpinisten: Wjatscheslaw Onischtschenko (Leiter), Waleri Chomutow, Wladimir Putschkow, Alexej Moskalzow und Juri Golodow.

28. März

Berschow schlägt den ersten Haken in die Felsen – der Anfang zur Begehung einer neuen Aufstiegsroute auf den Everest ist gemacht. Vom Lager I bis hierher ist es etwa eine halbe Wegstunde. Die Route beginnt rund fünfhundert Meter vom Bonington-Couloir entfernt. Nach einem Eiskegel folgt eine Zone grauer Granite: Felsen des dritten bis vierten Schwierigkeitsgrades, fest und zuverlässig. Die ersten zehn Seile (jeweils 45 Meter lang) werden fixiert. Es bleiben noch sechs. Die Seilschaft Iwanow hat die Route bis zur 7000-Meter-Marke versichert, sie wird nun von der Gruppe Onischtschenko abgelöst. (An der Route arbeiten allerdings nur zwei Mann, die beiden anderen richten ein provisorisches Nachtlager zwischen dem Lager I und dem künftigen Lager II ein.) Neben leichten Felsen sind auch sehr schwierige Abschnitte zu überwinden. Kopfschmerz, quälender Husten und Mattigkeit erinnern ständig an die erreichte Höhe. Auch das Wetter ist nicht gerade angenehm: Schneefall, heftiger Wind. Die restlichen sechs Seile sind fixiert, doch ein geeigneter Platz für Lager II ist noch nicht gefunden. Die Gruppe kehrt nach unten zurück.

Der erste der drei vorbereitenden Aufstiege am Berg war also beendet. Der Plan sah vor, daß Ende März Lager II eingerichtet und mit Ausrüstung, Sauerstoff und Proviant ausgestattet sein sollte. Es gelang aber nicht, diese Aufgabe zu erfüllen. Die auf den ersten Blick geringfügig erscheinende Abweichung vom Plan sollte sich allmählich zu einem ernsthaften Problem auswachsen. Doch so weit sind wir noch nicht. Damals schien es noch, als könne das Versäumte beim nächsten Aufstieg wettgemacht werden.

Den zweiten Zyklus beginnt, wie auch den ersten, die Gruppe Myslowski. Nach einigen Tagen Ruhe bricht sie zusammen mit Owtschinnikow aus dem Basislager auf. Die Überquerung des Eisbruchs mit den schweren Rucksäcken fällt nicht leicht, obwohl die Route dank den Bemühungen des »Khumbu-Chefs« Troschtschinenko ständig in gutem Zustand gehalten wurde.

Leonid Troschtschinenko

36 Jahre alt. Die Liebe zum Bergsport packte ihn in seiner Studentenzeit am Leningrader Institut für Mechanik. Er blieb den Bergen auch treu, als er am Lehrstuhl für angewandte Mathematik an der Universität Leningrad arbeitete. Er hat bereits viele schwierige Aufstiege auf die Siebentausender der Sowjetunion hinter sich und mehrfach Hochgebirgsexpeditionen geleitet.

Sein Lieblingstraum ist der Everest. Um dieses Zieles willen gab Leonid seine wissenschaftliche Arbeit für einige Zeit auf und widmete sich ganz der Vorbereitung auf den Gipfelsturm. Sein Traum schien in Erfüllung zu gehen: Man reihte ihn in die Kernmannschaft ein. Doch unerwartet zerrannen seine Hoffnungen für immer. Kurz vor der Abreise nach Nepal, nach der letzten medizinischen Untersuchung, zogen die Ärzte den kategorischen Schlußstrich: für die Arbeit in großen Höhen ungeeignet. Troschtschinenko vermochte sich nicht durchzusetzen.

Vielleicht am härtesten traf das seinen neunjährigen Sohn, der überzeugt war, daß man seinem Vater Unrecht getan hatte. Doch wie dem auch sei – Troschtschinenko fuhr trotzdem in den Himalaja, wenn auch nicht als Mit-

42/43
Der Kantega, ein Sechstausender im Gebiet von Namche Bazar

glied der Gipfelmannschaft, sondern als Stellvertreter des Leiters der Lagerverwaltung. Später übernahm er noch eine weitere, nicht weniger mühselige Aufgabe: die Sicherheit des Weges über den Khumbu-Eisbruch zu gewährleisten.

Nachdem die Gruppe Myslowski den Khumbu-Eisbruch überwunden hat, durchquert sie langsam das Tal des Schweigens. Die ungenügende Akklimatisierung macht sich bemerkbar. Jeder Schritt der verhältnismäßig einfachen Wegstrecke fällt den Männern schwer. Erst gegen Abend erreichen sie schließlich Lager I. Sie übernachten hier und steigen am Morgen weiter bergan. Balyberdin und Schopin, die die Route versichern, gehen voraus.

Owtschinnikow, Myslowski und Tschorny klettern die steilen Felsen hinauf mit den zwanzig Kilo schweren Rucksäcken auf dem Buckel, in denen sie die für die Einrichtung des Lagers II notwendige Ausrüstung schleppen. Im Laufe des Tages kommt der Vortrupp etliche Seillängen voran, aber einen geeigneten Platz findet er nicht. Balyberdin, Schopin und Owtschinnikow steigen zur Übernachtung nach Lager I ab, Myslowski und Tschorny beschließen, die Nacht in dem von ihnen in 7000 Meter Höhe aufgeschlagenen Zelt zu verbringen.

1. April

Vom Wind mitgerissene Steinchen trommeln auf das Dach von Myslowskis und Tschornys provisorischer Unterkunft. Es geht auch nicht ohne »Aprilscherz« des Everest ab! Ein beachtlicher Brocken, aus wer weiß welcher Höhe herabgestürzt, durchschlägt das Zelt und fällt ausgerechnet auf Myslowskis Feldflasche, die auf dem Boden liegt. Im Basislager sind die Scherze an diesem Tag weit humaner. Ein Spaßvogel hat frühmorgens am Verpflegungszelt eine Bekanntmachung ausgehängt, daß die Küche wegen Reinigungsarbeiten heute geschlossen sei und sich die nächste Verpflegungsstelle einige Kilometer vom Lager entfernt in 8848 Meter Höhe befinde.

Der Zwischenfall mit dem Stein zwingt zur Eile. Die beiden nehmen die Rucksäcke auf und steigen hinter Balyberdin und Schopin her, die wiederum vorangegangen sind, um die Route zu versichern. Am Ende des 28. Seils finden jene schließlich eine geeignete Stelle für Lager II. Auch Myslowski und Tschorny kommen bald von unten nach. Auf zwei durch ein Couloir getrennten schmalen Rippen geeignete Stellflächen für die Zelte zu präparieren ist nicht einfach. Während die eine ohne große Schwierigkeiten hergerichtet wird, erfordert die andere viel Kraft. Sie ist ziemlich klein, und in der Mitte stört ein Stein. Ihn mit dem Hammer zu zerschlagen gelingt nicht. Sie versuchen, die Stellfläche mit Hilfe eines kleinen Fischernetzes zu vergrößern, das sie an Haken befestigen. Sie probieren, das Netz mit Steinen auszupolstern, doch das Ergebnis ist unbefriedigend.

46/47
Namche Bazar, etwa 3500 m hoch gelegen, gilt als »Hauptstadt« von Solo Khumbu, wie das Sherpaland genannt wird

Aus allen Winkeln ihres Siedlungsgebietes strömen die Sherpas zum farbenfrohen Markt von Namche Bazar

Buddhistischer Stupa in Namche Bazar

Das eine Zelt schlagen sie auf der etwas abseits liegenden geeigneteren Plattform auf. Balyberdin und Schopin bleiben hier zurück, um darin zu übernachten. Lager II in 7350 Meter Höhe steht. Die anderen steigen ab. Am nächsten Tag bauen die beiden das zweite Zelt auf, nachdem es ihnen schließlich gelungen ist, das Fischernetz mit Steinen zu füllen. Der Steinbrocken, der sich nicht mit dem Hammer zerklopfen ließ, bohrt sich in das Zelt hinein. Sie benutzen ihn als improvisierten Tisch.

Oberhalb von Lager II nimmt Iljinskis Seilschaft die Arbeit auf. Deren Leiter ist übrigens selber nicht mit dabei. Er hat die Karawane der Träger begleitet und ist erst als einer der letzten im Basislager eingetroffen, hat sich so nicht mehr ausreichend akklimatisieren können. Seinen Platz in der Vierergruppe hat der Sherpa Nawang eingenommen. In zwei Tagen angestrengter Arbeit an abschüssigen Felsen fixiert die Viererseilschaft siebzehn Seile. Bis zum Grat, auf dem Lager III aufgeschlagen werden soll, fehlen nur noch zwei bis drei Seile, doch die haben die Männer nicht mehr. Sie lassen die Lasten am Ende der zurückgelegten Strecke hängen und steigen ab. Unterwegs begegnen sie der Gruppe Onischtschenko, die die restlichen Seile befestigen und das Lager III errichten soll.

8. April

Im Basislager trifft eine alarmierende Meldung ein: Onischtschenko ist erkrankt. Bergkrankheit in bedrohlicher Form. Es geht ihm so schlecht, daß er nicht einmal per Funk mit dem Expeditionsleiter sprechen kann.

Wjatscheslaw Onischtschenko

45 Jahre alt, ist ein erfahrener Alpinist und mehrfacher Landesmeister. Siebenmal hat er Siebentausender der Sowjetunion bestiegen, auch einige berühmte Alpengipfel bezwungen: den Grand Capucin, den Petit Dru (auf vier Routen, davon drei im sechsten Schwierigkeitsgrad), die Grandes Jorasses (zusammen mit dem legendären Bergsteiger Michail Chergiani aus Swanetien hat er einen Weg zum Gipfel gefunden, den man seither »russische Va-

riante« nennt). Er ist der einzige in der Gipfelmannschaft der Expedition, der den Titel eines Verdienten Meisters des Sports der UdSSR trägt.

Zum Alpinismus ist Onischtschenko zufällig gekommen. In der Studienzeit hatte er sich ernsthaft dem Skisport gewidmet. Bei einem Trainingsaufenthalt im Kaukasus begegnete er Boris Romanow, der damals die Bergsteigersektion des Instituts leitete und ihm vorschlug, es doch einmal mit dem Bergsteigen zu versuchen. Onischtschenko ging auf den Vorschlag ein, fand Gefallen am Bergsport und blieb diesem treu. Bald darauf bezwang er den ersten Gipfel seines Lebens: den Sofrudshu im Kaukasus. Seiner Frau Julia hat es der Alpinismus ebenfalls angetan. Tochter Nadja und Sohn Petja verbringen den größten Teil der Sommerferien zusammen mit den Eltern in den Bergen, und es sieht ganz so aus, als sollten sie einmal erfahrene Felskletterer werden.

Onischtschenko, Sportarzt von Beruf, konnte damals wohl besser als jeder andere die schwierige Sachlage beurteilen. Er hatte schon am Tage zuvor die Krankheit gespürt und versucht, sie zu überwinden. Früher war ihm das manchmal geglückt, doch diesmal nicht. Die Bergkrankheit war schon zu weit fortgeschritten, und er wußte sehr gut, daß ihm auf den steilen Felsen praktisch keiner helfen konnte. Bis zum Basislager hinunter waren es zwei Kilometer schwieriger Abstieg. Wenn er es nicht allein schaffte, würden die Rettungsarbeiten alle Pläne der Expedition über den Haufen werfen. Er mußte den Abstieg aus eigener Kraft bewältigen. Um jeden Preis.

Beinahe bewußtlos, ständig Sauerstoff einatmend, geht Onischtschenko, von den Kameraden seiner Gruppe begleitet, nach unten. Der Abstieg verlangt ihm gewiß mehr Energie und Mut ab als alle seine vorangegangenen Besteigungen zusammen. Endlich haben sie den felsigen Abschnitt der Route hinter sich und sind auf den Eishang gelangt.

Myslowskis Gruppe kommt ihnen vom Lager I aus entgegen. Balyberdin und Schopin versuchen abwechselnd, Onischtschenko zu tragen, doch es geht nicht. Er ist zu schwer in dieser Höhe. Der Kranke schleppt sich allein weiter, langsam zwar, aber aus eigener Kraft. Am Abend erreichen sie endlich das Lager I und verbringen dort eine unruhige Nacht. Am folgenden Tag überwindet Onischtschenko, von beiden Seiten durch die Kameraden gestützt und ständig Sauerstoff einatmend, auch den zwar nicht schwierigen, aber langen Weg durch das Tal des Schweigens.

»Im Basislager wußte man, daß wir absteigen«, erinnert sich später Onischtschenko, »und schon auf dem Gletscher kamen uns Berschow, Turkewitsch, Romanow, der Arzt Orlowski und auch ›Eisbruchchef‹ Troschtschinenko entgegen, um mir beim Abstieg zu helfen. Ich war ihnen mehr als dankbar, auch wenn ich dort, auf dem Gletscher, nicht einmal mehr die Kraft hatte, meinen Dank in Worte zu fassen. Ich holte das erst einige Tage später nach.«

Dennoch erreicht Onischtschenko das Basislager aus eigener Kraft. Er ist buchstäblich bis an die äußerste Grenze des Menschenmöglichen gegangen. Einige Auszüge aus dem ärztlichen Tagebuch Orlowskis bestätigen das: »Sehr schlechtes Allgemeinbefinden. Antwortet nur mit Mühe auf Fragen. Bewußtsein getrübt ... Arterialdruck 50/0. Schläft während der Untersuchung ein ... Diagnose: Höhenkrankheit mit Störung des peripheren und zentralen Blutkreislaufs.«

Man bringt den Kranken in das Speisezelt, legt ihn auf ein unmittelbar auf den Tisch gestelltes Klappbett, damit der Arzt mit der Tropfanlage besser hantieren kann. Alle begreifen den Ernst der Lage und sind bereit zu helfen. Orlowski gibt lakonische Anweisungen: »Zwei Petroleumlampen anzünden. Tisch abräumen, Geschirr wegschaffen! Die beiden Helfer Hände waschen! Plastpäckchen mit der Blutersatzlösung in den Hemdausschnitt stecken, damit sie sich erwärmt!«

Innerhalb weniger Stunden bekommt Onischtschenko tausend Milliliter stark wirkender Mittel und Lösungen in die Unterarmvene getropft. Gegen Morgen hat sich sein Zustand wesentlich gebessert. Seine Hände fühlen sich wieder warm an. Der Arterialdruck beträgt 110/60. Er ist wieder bei Bewußtsein, außer Lebensgefahr, zur völligen Genesung braucht er jedoch mehr Sauerstoff.

Drei Sherpas schleppen Onischtschenko auf einem Traggestell aus dem Basislager nach unten. Romanow begleitet seinen talentierten und titulierten Schüler, den es diesmal so erwischt hat. Bald schon hat dieser aber wieder allein gehen können.

Nach einiger Zeit kehrt Onischtschenko ins Basislager zurück mit der leisen Hoffnung, doch noch den Aufstieg mitzumachen. Doch der Arzt erklärt kategorisch, dies sei

50/51
Keine der zum Mount Everest ziehenden Expeditionen versäumt es, das Kloster Thangboche zu besuchen

Die Sherpas sind ein freundliches, heiteres Völkchen

Hier beim Kloster Thangboche soll 1951 ein Yeti, ein »Schneemensch«, gesichtet worden sein

Von Thangboche aus erblickt man zum erstenmal die herrliche Pyramide des Ama Damblan

unmöglich. Das erste Mitglied der so lange und sorgfälitg ausgewählten Gipfelmannschaft ist also endgültig ausgeschieden. Würde es das letzte sein?

Zu Fuß in den Kosmos

Die Wissenschaftler vergleichen Expeditionen auf die Achttausender unseres Planeten mit dem Ausstieg des Menschen in den freien Weltraum. Die Bezwingung des Everest ist ebenso wie die Eroberung des Weltraums tatsächlich eines der gefährlichsten und schwierigsten Unternehmen, das die volle, mehr noch, die äußerste Mobilisierung aller psychischen und physischen Kräfte des Menschen erfordert. Derartige Unternehmungen bedürfen einer langen, gründlichen und allseitigen Vorbereitung.

An der Vorbereitung der ersten sowjetischen Expedition auf den höchsten Berg der Erde nahmen Spezialisten der verschiedensten Fachgebiete teil – Mediziner und Physiologen, Psychologen und Fachleute für Sportkleidung, Konstrukteure von Bergsteigerausrüstung, Diätköche und viele, viele andere. An der Herstellung der Testmodelle für die Ausrüstung, der Sauerstoffgeräte, der Hochgebirgsverpflegung usw. waren Dutzende von sowjetischen Betrieben beteiligt.

Besonders sorgfältig wählte man die Teilnehmer der Himalaja-Mannschaft aus. Denn noch nie zuvor hatte ein sowjetischer Alpinist eine Höhe über 7495 Meter erklommen (so hoch ist der Pik Kommunismus, der höchste Berg der Sowjetunion). Trainer und Mediziner hatten keine Erfahrung bei der Auswahl und Vorbereitung von Sportlern, die sich anschickten, die Grenze der »Todeszone«, die 8000-Meter-Marke, zu überwinden.

Das natürliche Risiko bei der Bewältigung einer solchen »kosmischen« Höhe (und der damit verbundenen schweren körperlichen Arbeit) war auf ein Minimum zu reduzieren, indem man unter den stärksten Bergsteigern des Landes die widerstandsfähigsten und am besten trainierten auswählte. Die Vorbereitung der Expedition, angefangen mit der vorläufigen Auswahl der Kandidaten, nahm drei Jahre in Anspruch. Unter mehr als dreißigtausend Sportlern, die im sowjetischen Alpinistenverband zusammengeschlossen sind, sollte der Trainerrat lediglich sechzig aussuchen.

Zum Trainerrat gehörten außer Tamm, Owtschinnikow und Romanow noch drei »Spielertrainer«, die direkt, außerhalb des Wettbewerbs, für die Expedition nominiert wurden: Die an Erfahrung reichen Bergsteiger Myslowski, Iwanow und Iljinski sollten im Himalaja die Sturmtrupps anführen. Bis zum Himalaja war es damals freilich noch sehr weit.

Im Frühjahr 1979 sandte also der Alpinistenverband an alle seine Sektionen Schreiben mit der Bitte, die erfahrensten und bewährtesten Bergsteiger vorzuschlagen, die den folgenden Grundanforderungen genügten: Sie sollten, was den sportlichen Rang betraf, mindestens Kandidat für den Titel »Meister des Sports« sein; jeder Anwärter sollte in der Saison der Jahre 1977 und 1978 wenigstens zwei Gipfel mit einer Mindesthöhe von 6900 Metern bezwungen haben, davon einen des höchsten Schwierigkeitsgrades. Auch Erstbegehungen und Spitzenplazierungen in den Landesmeisterschaften wurden berücksichtigt und bereits bestehende bewährte Seilschaften bevorzugt.

Aus hundertfünfzig vorgeschlagenen Kandidaten wählte der Trainerrat sechzig Sportler aus. Diese besten Bergsteiger des Landes wurden in mehreren Trainingslagern speziell vorbereitet und einer gründlichen medizinischen Untersuchung unterzogen. In ihrer Freizeit sollten sie nach individuellen Plänen trainieren.

»Ich trainiere die ganze Woche«, schrieb der Leningrader Wladimir Schopin im Winter 1980 in sein Tagebuch. »Montags und freitags Cross und Sauna. An den übrigen fünf Tagen morgens Cross und abends nach der Arbeit gymnastisches Training in der Halle, aber vor der Halle erneut Laufen. Mittwochs, sonnabends und sonntags dreißig Kilometer Skilanglauf in der Umgebung von Leningrad.«

Im Winter 1980 fand das erste Trainingslager im Kaukasus statt. Man lud dazu allerdings nur zwanzig der sechzig Kandidaten ein – hauptsächlich junge, dem Trainerrat weniger bekannte Alpinisten. Der Intensivlehrgang zur allgemeinen körperlichen Ertüchtigung schloß mit einer Elbrusbesteigung ab. Nach strenger Auswahl schieden die ersten zehn Kandidaten bereits aus.

Ende Sommer des gleichen Jahres wurde ein zweiter

54/55
Auch beim Weitermarsch zum Khumbu-Gletscher sieht man immer wieder den schneeweißen Gipfel des Ama Damblan in den meist blauen Himmel ragen

Lehrgang im Pamir durchgeführt, der repräsentativer, aber kurz war und keine schwierigen Aufstiege vorsah. Er fand nach Beendigung der Sommersaison statt, während der die Anwärter mit ihren Klubmannschaften nicht weniger als drei Siebentausender besteigen mußten. Die Bergsteiger hatten, in Zweier-Seilschaften gehend, ihr Können an Fels- und Eisabschnitten zu beweisen und wurden Geschicklichkeits- und Härtetesten unterzogen. Ein jeder hatte zum Beispiel beim Aufstieg auf den Grat des Pik Petrowski im Gebiet des internationalen Alpinistenlagers »Pamir« eine Route mit sechshundert Meter Höhenunterschied zu bewältigen. Im Eiltempo, Felspartien umgehend, legten die Sportler die Distanz zwischen 3600 und 4200 Metern zurück. Oben wurden sie von Trainern und Ärzten erwartet, die die erreichte Zeit, Atmungsfrequenz, Blutdruck und Puls maßen.

Nach Beendigung des Trainingslagers ging der Trainerrat an die Auswahl der Kandidaten. Er berücksichtigte die Erfahrung der Alpinisten, das Niveau der technischen und taktischen Ausbildung, Moral und Willensstärke sowie die Kommunikationsbereitschaft.

Dabei zog man auch das Ergebnis des sogenannten »Hamburger Tests« ins Kalkül. Jeder der Anwärter hatte seine Kameraden nach einem bestimmten Wertungssystem einzustufen, wobei es nicht nur um die rein sportlichen Leistungen, sondern auch um ihren Charakter, ihren Gemeinschaftssinn, ihr Ansehen im Kollektiv ging. Ein sehr erfahrener, namhafter Bergsteiger fiel dabei übrigens durch und büßte so die Chance ein, in die Mannschaft eingereiht zu werden.

Alle Kennziffern wurden mit Punkten bewertet. Je besser das Resultat, desto mehr Punkte. Nur in bezug auf das Alter war es umgekehrt, da wurden Punkte abgezogen: bis 42 Jahre einer, bis 44 zwei, über 45 Jahre drei Punkte. Nach den Trainingslagern waren sechsundzwanzig Kandidaten übriggeblieben. Mit der Auswertung der Prüfungsergebnisse des Vorausscheids der Bewerber für die Teilnahme an der Himalaja-Expedition endete die erste Etappe der Vorbereitung.

Die zweite Etappe sah die Erhöhung der physischen Gesamtverfassung der auserkorenen Alpinisten und deren gründliche medizinische Untersuchung vor sowie die Erprobung der Sauerstoffgeräte und der übrigen Ausrüstung, der Funkgeräte und der Verpflegungsrationen. Besondere Aufmerksamkeit wurde in den Trainingslagern in den Gebirgen unseres Landes der im Himalaja anzuwendenden Taktik und der Ausarbeitung eines detaillierten Plans zur Bezwingung des Everest gewidmet, wobei man natürlich die Schwierigkeiten der bereits damals gewählten und mit den nepalesischen Behörden vereinbarten Route über den Pfeiler der Südwestwand einkalkulierte. Eben jener noch niemals begangenen Route, die bei den Beamten des nepalesischen Ministeriums für Tourismus, als sie die definitive Genehmigung zum Aufstieg erteilten, Kopfschütteln und zugleich Erstaunen hervorrief. Kein Wunder! Zum erstenmal nahm sich da eine sowjetische Expedition den Himalaja vor, und gleich den Everest, noch dazu auf der schwierigsten Route. Nebenbei bemerkt, diese Variante war keineswegs von Anfang an festgelegt worden.

Nachdem 1979 die Genehmigung zur Besteigung des Everest vorlag, stand die Frage der künftigen Route im Mittelpunkt heißer Diskussionen. Die einen traten für die klassische Route zum Gipfel ein (über den Südsattel und den Südostgrat), die als erste Hillary und Tenzing und nach ihnen Dutzende weiterer Gipfelstürmer beschritten hatten. Ihr Hauptargument war – sowjetische Bergsteiger werden erstmals in eine Höhe von über achttausend Metern gehen, so daß es nicht ratsam sei, sich gleich beim ersten Mal unnötige Schwierigkeiten aufzubürden.

Die Leiter der Expedition hingegen plädierten für eine noch nicht begangene Route, die dabei schwieriger sein sollte als alle bisher beschrittenen. Nach ihrer Überzeugung sollte diese Route dem Entwicklungsstand des sowjetischen Alpinismus entsprechen, sollte gezeigt werden, daß sie zu schaffen war. Diesen Bedingungen entsprachen auch die zwei von ihnen vorgeschlagenen Varianten: entweder über den Pfeiler der Südwand auf den Südostgrat oder über den Pfeiler der Südwestwand auf den Westgrat. Nach langen Debatten neigte sich die Waagschale zugunsten der Verfechter der Route, für die die künftigen Himalaja-Fahrer selber eintraten.

Im April 1980 begaben sich Tamm, Owtschinnikow, Romanow, Myslowski und Iljinski nach Nepal, um sich an Ort und Stelle für eine der beiden in Betracht gezogenen Aufstiegsrouten zu entscheiden. Drei von ihnen stiegen bis zu einer Höhe von 6400 Metern auf, von wo aus sie die Südflanke des Everest sorgfältig in Augenschein nahmen und fotografierten. Nach deren Rückkehr setzten sich alle fünf zusammen, begutachteten die in verschiedenen Maßstäben angefertigten Fotos und wählten einmütig die Route über den Pfeiler der Südwestwand auf den Westgrat. Nach Tamms Meinung war dies zwar eine sehr schwierige, aber wahrscheinlich die letzte »logische Route« auf den Everest. Mit anderen Worten, diese schwierige Route ohne »Schnörkel« stellte den kürzesten Weg zum Gipfel dar. Alle notwendigen Daten zur Ausarbeitung der Taktik des Gipfelsturms hatte man somit zusammengetragen und präzisiert. Die Vorbereitung der Expedition war in ihre entscheidende Phase getreten.

Im Herbst 1980 versammelten sich die Kandidaten in Moskau und wurden von den Medizinern sozusagen auf Herz und Nieren geprüft. Der Komplexuntersuchung, die von Wissenschaftlern des Instituts für medizinisch-biologische Probleme geleitet wurde, lag das System der medizinischen Eignungsprüfung zugrunde, der auch die Kosmonauten unterzogen werden. Dabei berücksichtigte man natürlich die Spezifik des Höhenbergsteigens, die von einem Alpinisten die volle Mobilisierung aller Reserven des Organismus unter den extremen Bedingungen des Hochgebirges erfordert.

Wenn der Mensch seine physischen Kräfte vollständig verbraucht habe, so schrieb der bekannte englische Bergsteiger Wilfried Noyce in einem seiner Bücher, dann sei die Stärke seiner Psyche das einzige, worauf er noch bauen könne. Doch er sei der Meinung, daß ihm niemals Grenzen gesetzt seien. Durch keine körperlichen Untersuchungen könne man exakt feststellen, wozu ein Mensch als Bergsteiger fähig sei. Die Reserven an psychischer Kraft, die Persönlichkeit des Menschen, die Wechselbeziehungen der Menschen untereinander, all das könne man mit keinem der konventionellen Tests messen. – Das also ist die maßgebliche Meinung eines erfahrenen Bergsteigers.

Wenden wir uns jetzt dem diesbezüglichen wissenschaftlichen Material zu. Die potentiellen Möglichkeiten jedes gesunden Menschen sind überaus groß. Bei unserer alltäglichen Arbeit schöpfen wir lediglich ein Drittel unserer psychischen und physischen Reserven aus. Selbst in außergewöhnlichen, ja in lebensgefährlichen Situationen, in denen der Mensch überdurchschnittliche Anstrengungen unternimmt, mobilisiert er insgesamt nicht mehr als 65 Prozent. Das besagt das wissenschaftlich erhärtete Material.

Was trainierte Sportler angeht, so sind deren potentielle Möglichkeiten (genauer gesagt, die Fähigkeit, sie im Bedarfsfall zu mobilisieren) in der Tat gewaltig. Gewaltig, aber nicht grenzenlos. Gerade die Geschichte der Bezwingung des Everest liefert zahlreiche Beispiele dafür, daß Bergsteiger infolge völliger Erschöpfung ihrer physischen und psychischen Kräfte ums Leben gekommen sind.

Noyce hat sicherlich recht: Es gibt keinen Apparat und kann keinen geben, der die psychische Kraft eines Bergsteigers mißt. Seine physischen Möglichkeiten aber kann man mit hoher Wahrscheinlichkeit bestimmen, und bei der Vorbereitung einer Höhenexpedition muß man das auch tun. Der Hauptfeind der Alpinisten ist der Sauerstoffmangel. Die Spezialisten unterscheiden im Hochgebirge mehrere Zonen, innerhalb derer im menschlichen Organismus bestimmte Veränderungen vor sich gehen, leider durchweg negative.

Bis zu 5400 Meter Höhe erstreckt sich die sogenannte Akklimatisierungszone, in der vollwertige Erholung und Nahrung die verbrauchten Kräfte völlig wiederherstellen. Zwischen 6000 und 7000 Metern liegt die Adaptionszone, in der eine vollständige Regeneration noch möglich ist, jedoch nur für kurze Zeit. Die Höhe zwischen 7000 und 8000 Metern gilt als Zone partieller Adaption, in der sich die Alpinisten nur ganz kurzfristig aufhalten können. Der Aufenthalt in diesen Höhen muß mit Abstiegen in tiefere Lagen abwechseln, damit sich die Kräfte regenerieren können.

Die Zone oberhalb der 8000-Meter-Marke schließlich hat man zu Recht die Letal- oder Todeszone genannt. Ein Bergsteiger kann nicht länger als drei, vier Tage in einer solchen Höhe überleben. Da helfen weder Ruhe noch kalorienreiche Nahrung. Der menschliche Organismus muß seine gesamten inneren Reserven bis zur Erschöpfung mobilisieren.

Die Untersuchungen der Widerstandsfähigkeit der Everest-Kandidaten in bezug auf Sauerstoffmangel führte man in einer Druckkammer durch. Jeder der Alpinisten wurde, mit Dutzenden von Meßwertgebern behängt, in eine solche Kammer gesetzt, in der rasch eine Atmosphäre simuliert wurde, als würde er in große Höhen aufsteigen. Nebenher testete man die Reaktionsfähigkeit des Sportlers (indem plötzlich ein Lämpchen aufleuchtete, das er rasch ausschalten mußte) und die Klarheit seines Bewußtseins (durch ein Mikrophon wurden ihm ganz einfache Rechenaufgaben gestellt, deren Lösung ihm mit jedem weiteren »Höhenkilometer« immer schwerer fiel).

Im Verlauf des gesamten simulierten Aufstiegs wurden auf diese Weise Meßwerte gewonnen, wie die wichtigsten Systeme im Organismus des Sportlers funktionierten. Derartige Untersuchungen imitierten freilich die Bedingungen des Aufstiegs auf den Everest nicht im vollen Maße, da die Alpinisten dort nur allmählich, sehr langsam an Höhe gewinnen. Dennoch gelang es, die »Höhengrenze« jedes Kandidaten der Himalaja-Mannschaft festzustellen, zu testen, wie er akuten Sauerstoffmangel in Extremsituationen erträgt. Zum Beispiel, wenn der Inhalt der Gasflasche völlig verbraucht ist oder das Sauerstoffgerät plötzlich ausfällt.

Über die Hälfte der Alpinisten verkrafteten in der Druckkammer eine »Höhe« von 10000 Metern, wobei drei von ihnen zehn Minuten aushielten. Einen Rekord besonderer Art stellte Juri Golodow auf, er »schaffte« 11000 Meter. Nach nur zehn Sekunden mußte man ihm freilich die Sauerstoffmaske reichen. In derartigen Höhen kommt es zu einem rapide wachsenden lebensgefährlichen Sauerstoffdefizit des Organismus.

Annähernd dasselbe geschieht, wenn man ein Inertgas einatmet, Stickstoff zum Beispiel. Stickstoff verwendet man daher auch, um die Widerstandsfähigkeit des Organismus der Sportler gegenüber Sauerstoffmangel zu ermitteln. Der Sauerstoffgehalt in der ausgeatmeten Luft vermindert sich innerhalb von nur ein bis anderthalb Minuten auf ein Siebentel.

Nicht weniger sorgfältige Untersuchungen wurden durchgeführt, um die körperliche Leistungsfähigkeit der Kandidaten für die Himalaja-Mannschaft festzustellen. Das geschah durch Tests mit dosierten Lasten auf einer Art »Fließband« mit einem Neigungswinkel von 15 Grad. Mit einem schweren Rucksack auf dem Rücken mußten die Sportler auf diesem Laufsteg beträchtliche Strecken zurücklegen.

Die Belastbarkeit der Alpinisten unter Hochgebirgsbedingungen wurde auch mit Hilfe eines Fahrrad-Ergometers geprüft. Die »Atemluft« bestand dabei aus einem Gasgemisch mit (bis zu 9,5 bis 10 Prozent) vermindertem Sauerstoffgehalt, was etwa der Höhe des künftigen Basislagers (5300 m) entsprach. Auch zahlreiche andere Tests und Untersuchungen wurden angestellt, um die Reaktion wichtiger Organe des Menschen auf die extremen Bedingungen eines Hochgebirgsaufstiegs zu prognostizieren, insbesondere sogenannte »Kälteproben«.

Der zweite Feind aller Alpinisten, die den Everest bezwingen wollen, sind die starken Fröste im Verein mit orkanartigen Stürmen, gegen die oft selbst die beste Ausrüstung nichts nützt. Wahrscheinlich ist keine Expedition von den Wänden des höchsten Berges der Erde zurückgekehrt, ohne daß Teilnehmer leichtere oder schwerere Erfrierungen davongetragen hätten. Um die Kälteverträglichkeit der künftigen Gipfelstürmer zu testen, wurden beispielsweise auch ganz prosaische Versuche durchgeführt.

Hände und Füße tauchte man einige Minuten in ein Gefäß, das mit tauendem Eis oder Wasser mit einer Temperatur von 4 °C gefüllt war. Die Kälteproben ergaben, daß Alpinisten eine niedrigere Körpertemperatur haben, insbesondere gilt das für die Haut der Gliedmaßen. (Interessant ist, daß John Hunt, Leiter der ersten erfolgreichen englischen Expedition auf den Everest, die erfahrensten und für den Gipfelsturm am besten geeigneten Männer durch Händedruck ermittelte. Er schickte vor allem jene auf den Gipfel, die kältere Hände als er hatten.)

Doch wie sich zeigte, ist niedrigere Körpertemperatur von Alpinisten keineswegs ein Beweis für erhöhte Kälteverträglichkeit. Ja einige reagierten sogar empfindlicher, vor allem infolge früher davongetragener Erfrierungen. So mußten die Mediziner entsprechende Gutachten weniger im Hinblick auf Kälteempfindlichkeit der Bergsteiger als vielmehr hinsichtlich ihrer Ausrüstung abgeben, die sie vor der schneidenden Kälte und den eisigen Stürmen schützen sollte.

Nebenbei bemerkt, gibt es in keiner anderen Sportart so viele und mannigfaltige individuelle Schutzmittel: warme Bekleidung und Spezialstiefel, Schlafsäcke und Sonnenbrillen mit extrem dunklen Gläsern, Sauerstoffgeräte und Schneeschutzgamaschen, Zelte und Helme, Anoraks und viele andere Utensilien, die dem Hochalpinisten unentbehrlich sind.

Die künftigen Gipfelstürmer wurden, ausgerüstet mit Sauerstoffgeräten, Daunenanzügen und zwei Paar Bergstiefeln, Schlafsäcken und Büchern (um Langeweile zu vertreiben), in eine Thermodruckkammer gesperrt. Dort verbrachten sie volle vierundzwanzig Stunden, um sich und ihre Ausrüstung bei einer Temperatur von minus 40 °C und bei Wind zu testen. Wie sich herausstellte, entsprach die Kleidung allen Anforderungen, nur die Stiefel mußten noch »wärmer gemacht« werden.

Auch die Versuchsmodelle der Ausrüstungsgegenstände unterzog man allen möglichen Prüfungen. Die aus leichten, aber festen Fallschirmstoffen hergestellten Zelte wurden im Windkanal mit einer Windgeschwindigkeit von zweihundert Stundenkilometern getestet.

Die Klettergurte, die auf den Steilabschnitten der Route die Alpinisten sichern sollten, hielten auf der Zerreißmaschine Belastungen von mehr als drei Tonnen aus. Der leichte und bequeme, nur 1,5 Kilo wiegende Rucksack, der über vierzig Kilogramm Last aufnehmen konnte, »überlebte« auch bei minus 40 °C die Zerreißprobe. Mit einem Wort, die Bergsteiger und ihre Ausrüstung durchliefen eine außerordentlich gründliche und vielseitige Kontrolle.

Die Vorbereitung der Alpinisten für den Sturm auf den Everest wurde sogar gefilmt. Die allgegenwärtigen Dokumentaristen ließen sich natürlich die Möglichkeit, Versuche in der Druckkammer, am Fahrrad-Ergometer und in der Kältedruckkammer aufzunehmen, nicht entgehen. Sie bannten auch das Finish des »Bergrennens« sowie die möglichen und unmöglichen »Späße« der Mediziner und Trainer mit den angehenden Himalaja-Fahrern aufs »Zelluloid«. Als die Bergsteiger sich den Film angeschaut und sich selbst zum erstenmal gewissermaßen mit den Augen des Außenstehenden gesehen hatten, nannten sie ihn im Scherz (oder vielleicht auch im Ernst) »Horrorfilm«.

Ja, lang und mühselig ist der Weg zum Gipfel unseres Planeten. Das nächste Trainingslager fand im Winter 1981 im Tienschan statt. An den Wänden des Pik Komsomol wurde eine für die sowjetischen Bergsteiger neue Himalaja-Taktik erarbeitet, eine Taktik, die eine Präparierung der Route, die Errichtung von Zwischenlagern auf dem Weg zum Gipfel und den Transport der notwendigen Nahrungsmittel, Ausrüstungsgegenstände und Sauerstoffvorräte in diese Lager vorsah. Diese Taktik zu beherrschen schien gar nicht schwierig zu sein, doch es ging dann aber keineswegs alles so glatt, wie ursprünglich angenommen.

Von dem traditionellen Alpenstil abzugehen, bei dem die Seilschaften alles für den Aufstieg auf den Gipfel Notwendige mit sich tragen und ganz auf sich selbst gestellt sind, erwies sich als gar nicht so leicht. Denn beim Aufstieg in das nächste Zwischenlager mußte man sich auf das verlassen, was die vorangegangene Gruppe inzwischen hinaufgeschafft hatte. Es kam zum Beispiel vor, daß Lebensmittel nicht auffindbar waren (man hatte sie neben dem Zelt stehenlassen, und sie waren nachts zugeweht worden); auch gab es Ärger mit schmutzigem Geschirr (das die vorangegangene Seilschaft, aus welchem Grund auch immer, nicht gesäubert hatte), oder es waren zusätzliche Aufräumungsarbeiten nötig (wozu die Kräfte nicht immer reichten).

Die Himalaja-Taktik gewährleistet zweifellos höhere Sicherheit bei der Bezwingung von Achttausendern. Ist die Organisation aber nicht straff genug, kann sie andererseits zu Konflikten zwischen den einzelnen Seilschaften führen, ja sogar zum Scheitern einer Expedition, was im Himalaja oft genug geschieht und geschehen ist.

Infolge Fehlens einer Funkverbindung zwischen den aufgestiegenen Seilschaften und dem Basislager klappte es im Tienschan-Trainingslager mit ebendieser straffen Organisation nicht ganz. Die Trainer waren auch mit dem Wetter unzufrieden. Man führte die Lehrgänge eigens im Winter durch, um die Alpinisten unter schwierigen Witterungsbedingungen zu erproben. Doch das Wetter zeigte wie zum Trotz ein freundliches Gesicht, was im Tienschan in den Wintermonaten eigentlich selten ist.

Mit dem Wetter hatte man nur während der Sommerlager des gleichen Jahres im Pamir Glück. Es herrschte klirrender Frost, und dazu bliesen orkanartige Stürme. Doch was die Alpinisten sonst fürchten, war ihnen und besonders den Trainern diesmal gerade recht; eine bessere Generalprobe vor der Abreise nach Nepal konnten sie sich kaum wünschen. Hier im Pamir bezwangen die Bergsteiger den Pik Kommunismus auf der schwierigsten aller Routen. Bei der Erarbeitung der Himalaja-Taktik sammelte man weitere Erfahrungen; diesmal waren alle Seilschaften mit Funkgeräten ausgerüstet, was Konflikte, welcher Art auch immer, ausschloß. Zum erstenmal in der Geschichte der Besteigung sowjetischer Siebentausender arbeiteten die Alpinisten mit Sauerstoffgeräten.

Beim Angriff auf Achttausender werden zwei Typen von Sauerstoff-Atemgeräten verwendet. Ein geschlossener Typ, bei dem das Gasgemisch mit hohem Sauerstoffgehalt nicht in die Atmosphäre ausgeatmet wird, sondern in einem geschlossenen System zirkuliert. Und ein offener Typ, bei dem sich die in die Maske eingeatmete Luft mit Sauerstoff vermischt, der durch einen Schlauch aus

Flaschen mit Reduzierventil zugeführt wird. Einfacher und zuverlässiger sind die Geräte vom offenen Typ. Auch die sowjetischen Spezialisten entschieden sich für diese Art, obwohl große Anstrengungen nötig waren, deren charakteristische Mängel zu beseitigen. Was sind das für Mängel?

Erstens vereisen die Klappenventile für die ausgeatmete Luft oft. Nicht selten entweicht der Sauerstoff aus den Flaschen oder durch das Reduzierventil. Ein noch ernsterer Mangel ist, daß die Feuchtigkeit auf dem Ventil, durch das der Sauerstoff in die Maske gelangt, kondensiert und vereist. Die Ventile in großen Höhen bei starkem Frost und orkanartigem Sturm zu reinigen ist, wie man sich leicht vorstellen kann, äußerst schwierig.

Wir brauchten dem Sauerstoffproblem wohl weit weniger Worte zu widmen, wenn es nicht von so entscheidender Bedeutung wäre. Defekte an den Sauerstoffgeräten sind zahlreichen Bergsteigern, ja ganzen Expeditionen, die den Everest erstürmen wollten, zum Verhängnis geworden. Kurz, die Lösung dieser Frage war für die künftige Himalaja-Mannschaft besonders wichtig.

Die von sowjetischen Spezialisten angefertigten elastischen Masken bestanden aus frostresistentem Gummi (die Alpinisten setzten sie nicht selten auch dann auf, wenn sie gar keinen Sauerstoff benötigten; so gut schützen diese Masken das Gesicht vor Wind und Kälte). Sie hatten drei mit dem Sauerstoffgerät verbundene Ventile, waren bedeutend leichter als andere Modelle und stellten im Pamir ihre gute Qualität und Zuverlässigkeit unter Beweis. Den Ereignissen vorauseilend, können wir konstatieren, daß die Sauerstoffapparatur auch im Himalaja nicht ein einziges Mal versagte, was in der Geschichte der Everest-Besteigung ohne Beispiel ist.

Dazu gaben die Fachleute noch wertvolle, wissenschaftlich begründete Empfehlungen für den Sauerstoffverbrauch in den verschiedenen Höhen. Am wirksamsten waren, ihren Ermittlungen zufolge, zwei Liter pro Minute statt vier Liter, wie allgemein angenommen, was sich dann im Himalaja auch völlig bestätigte.

In den Pamirlagern wurden auch die speziell für die Himalaja-Mannschaft entwickelten Nahrungsmittelrationen erprobt. Einem Menschen aus dem Flachland mag das Ernährungsproblem in den Bergen zweitrangig erscheinen. Das ist es aber keineswegs. Die Bergsteiger gehen mit allem Ernst an diese Frage heran. In den Hochlagern höre man selten Diskussionen über das Schicksal des Kosmos, über die die Welt bewegenden Probleme; im wesentlichen drehe sich das Gespräch um Nahrungsmittel, meinte der schon erwähnte Wilfried Noyce.

Was die Ernährungsspezialisten angeht, so mußten sie bei der Zusammenstellung der Speisekarte für das Hochgebirge viele Faktoren berücksichtigen. Angefangen damit, daß sich der Geschmack des Menschen in den Bergen seltsamerweise verändert. Liebhaber süßer Speisen beginnen plötzlich saure und salzige Nahrung zu bevorzugen. Wer Scharfgewürztes liebt, bekommt auf einmal Appetit auf Süßes. Und Menschen, denen es zuvor ziemlich gleichgültig war, was sie essen, gelüstet es plötzlich nach besonderen Gerichten, die eine Expedition normalerweise nicht mit sich führt.

Allgemeine Geschmackseigenschaften sind freilich keineswegs das Wichtigste, was bei der Zusammenstellung der Verpflegung zu beachten ist. Notwendig ist vor allem das richtige Verhältnis der Nährstoffe und die Ausgewogenheit der Nahrung hinsichtlich des Vitamin- und Mineralbedarfs in Abhängigkeit von den körperlichen Belastungen der Sportler auf den verschiedenen Etappen des Aufstiegs.

Die Bekömmlichkeit dieser oder jener Lebensmittel in unterschiedlicher Höhe mußte ebenfalls berücksichtigt werden. Je höher die Alpinisten stiegen, desto kohlehydratreicher und desto fettärmer wurde die Nahrung, und sie bekamen immer mehr scharfe Soßen und Zutaten zu essen, die den Appetit anregen. Darüber hinaus hatten die Rationen unbedingt folgenden Anforderungen zu entsprechen: Sie mußten kompakt, einfach zuzubereiten, lange haltbar sein und dazu möglichst wenig wiegen. Die richtige Ernährung ist also in den Bergen, wie wir sehen, ebenfalls ein großes und kompliziertes Problem.

Die Speisekarte der sowjetischen Alpinisten umfaßte mehr als hundert verschiedene Lebensmittel: Fleisch- und Fischgerichte, Milchspeisen, Kuchen, Obst und Gemüse. Viele waren hitzesterilisiert und gefriergetrocknet, so daß Umfang und Gewicht wesentlich verringert werden konnten. Die Expedition nahm zum Beispiel sechzig Kilogramm Aprikosen-, Kirsch- und Schwarzen-Johannisbeer-Saft mit, für den man eine ganze Tonne frischer Früchte verarbeitet hatte.

Die Generalprobe im Pamir vom Sommer 1981 war erfolgreich verlaufen. Die Fachleute arbeiteten an der Beseitigung der bei einigen Ausrüstungsgegenständen und Verpflegungsrationen zutage getretenen Mängel. Im Herbst kamen die Sportler, nachdem sie sich in einem Rehabilitationslager in Suchumi an der kaukasischen Schwarzmeerküste ein wenig erholt hatten, in Moskau erneut zu einer nochmaligen medizinischen Untersuchung zusammen. Danach bestätigte der Trainerrat die endgültige Zusammensetzung der Seilschaften der Expedition, wobei er die Empfehlungen der Mediziner berücksichtigte.

Im Jahr 1982 fand das letzte Trainingslager in einem der Olympiaobjekte Moskaus statt. Am Vormittag: allgemeine körperliche Vorbereitung (Skilaufen, Crossläufe auf unebenem Gelände, Schwimmen) oder theoretische Ausbildung (detaillierte Analyse der Everest-Taktik), am Nachmittag: Verpacken des zwölfeinhalb Tonnen schweren Expeditionsgepäcks, eine zwar langweilige, aber notwendige Arbeit.

Am 1. März wurden die Lasten, von einigen Leuten begleitet, über Delhi nach Katmandu geschickt, und einige Tage darauf flogen auch die übrigen Teilnehmer der Expedition nach Nepal. Die Vorbereitungsetappe war damit abgeschlossen. »Sollten wir uns noch einmal auf den Everest vorbereiten müssen«, sagte kurz nach der Rückkehr nach Moskau Jewgeni Tamm, »so würden wir am System der physischen und taktischen Vorbereitung der Teilnehmer nur wenig ändern. Lediglich das System der medizinischen Untersuchung und der Auswahl der Kandidaten könnte man wahrscheinlich vereinfachen.« Doch damit sind wir den Ereignissen abermals weit vorausgeeilt.

Zum erstenmal also begaben sich sowjetische Sportler in den Himalaja. Wir werden jeden einzelnen von ihnen noch näher kennenlernen. Doch vorerst wollen wir, unter Berücksichtigung einer gewissen »Wissenschaftlichkeit« dieses Kapitels, versuchen, mit Hilfe der Gelehrten ein psychologisches Porträt der Bergsteiger zu zeichnen. Was sind das für Menschen, welche die überwiegende Mehrheit der Bevölkerung unseres Planeten wenn auch nicht unbedingt für unnormal, aber zumindest für ein höchst seltsames Völkchen hält?

Um es vorwegzunehmen: Die in der Klinik vorgenommene psychische Untersuchung hat bei keinem der Alpinisten irgendwelche psychopathischen Merkmale, auch keine verborgenen, ermittelt. Eine andere Sache ist, daß sie in der Tat sehr eigenwillige Persönlichkeiten sind, in denen scheinbar widersprüchliche Charakterzüge harmonisch und ausgewogen vereint sind – Züge, die nach Meinung der Psychologen wahrscheinlich allen erfahrenen Bergsteigern eigen sind.

Sie sind sehr vorsichtig und lieben zugleich das Risiko. Ewig mit sich unzufrieden, sind sie gleichzeitig stets vom Gelingen der Sache überzeugt, die sie sich vorgenommen haben. Sie sind sehr empfindlich, überaus sensibel, ja »verletzbar« und doch zugleich ausgesprochen mutig und mannhaft, ungemein hartnäckig bei der Überwindung von Hindernissen und beim Erreichen eines Ziels.

Wenn man alle diese Eigenschaften in einem einzigen Menschen konzentriert, dann würde sein psychologisches Porträt etwa so aussehen: Ein Bergsteiger ist ein im allgemeinen nicht sehr geselliger, psychisch ausgeglichener Mensch, den nicht so leicht etwas aus der Fassung bringt. Er mag keine Konflikte und sucht sie zu vermeiden. Auch in schwierigen Situationen bleibt er ein ruhiger und zuverlässiger Kamerad. – Soweit die maßgebliche Meinung der Psychologen, die an der Vorbereitung der Expedition aktiv beteiligt waren.

»Auch in schwierigen Situationen bleibt er ein ruhiger und zuverlässiger Kamerad« – dieser Satz scheint uns besonders wichtig zu sein. Denn ohne schwierige, ja kritische Situationen geht es bei keiner Expedition auf die Achttausender unseres Planeten ab. Auch die sowjetischen Bergsteiger hatten solche Situationen zu bestehen.

Kehren wir nun wieder zum Everest zurück!

Zirkus in 8 200 Meter Höhe

Anfang April unternahmen alle Bergsteigergruppen jeweils zwei mit Lastentransporten verbundene Aufstiege am Everest. Die Abweichung vom abgesteckten Plan machte sich weiterhin bemerkbar. Wie wir wissen, hatte die Seilschaft Onischtschenkos wegen dessen Erkrankung ihre Aufgabe, einen geeigneten Platz zu finden und Lager III zu errichten, nicht erfüllen können. Beim dritten und letzten Aufstieg in der Route vor dem Gipfelsturm mußte die Abweichung um jeden Preis korrigiert werden.

Die nächste Runde begann wie gewöhnlich Myslowskis Gruppe.

10. April

Nachdem Balyberdin und Myslowski am Ende des oberhalb von Lager II gespannten siebzehnten Seils angelangt sind, setzen sie die Präparierung der Route fort. Schopin und Tschorny sammeln inzwischen die an den Fixseilen aufgehängten Lasten ein und schleppen sie nach oben. Als die beiden Vorderleute vier Seile befestigt und eine geeignete Stelle gefunden haben, steigen sie wieder ab, um den Kameraden zu helfen, die notwendige Ausrüstung für Lager III hinaufzutragen. Der Aufstieg mit schweren Rucksäcken ist an den verschneiten steilen Felsen alles andere als leicht.

Es fängt an zu dämmern, als die vier Männer 7800 Meter erreicht haben. Sie wählen den Platz für das Zelt und bereiten die Stellfläche vor. Die Höhe macht sich bemerkbar. »Der Firn läßt sich schlecht hacken«, schreibt Tschorny in seinem Tagebuch, »der Eispickel bleibt häufig stecken, und es bedarf großer Anstrengungen, ihn wieder herauszuziehen. Nach zwei bis drei Schlägen schnappt man nach Luft, doch wenn man sich Zeit läßt und nach jedem Schlag zweimal mit offenem Mund tief durchatmet, schafft man zehn bis zwölf Hiebe hintereinander. Doch danach muß man sich ausruhen.«

Nachdem sie eine winzig kleine Fläche vorbereitet haben, bauen sie das Zelt auf. Zum Abendessen öffnen sie eine Büchse Milchpulver, lösen dieses auf und trinken die Milch. Essen mögen sie nicht. Dann legen sie sich dicht aneinandergedrängt schlafen. Das Zweimannzelt ist viel zu klein für vier Personen, doch es ist zu spät, als daß einer zum Übernachten in das tiefer gelegene Lager absteigt, und es hat auch keiner mehr die Kraft dazu. Sie schlafen schlecht. Am Morgen hat Tschorny endgültig der Husten gepackt, er kann kaum noch sprechen.

»Was soll ich mit meiner Stimme unternehmen?« krächzt er bei der morgendlichen Funkverbindung mit dem Basislager.

»Dich mit Gesten verständigen«, rät Orlowski lakonisch.

Der Doktor, ein hochqualifizierter Fachmann, weiß nur zu gut, daß da nicht zu helfen ist. Die außerordentliche Trockenheit der kalten Luft verursacht aufgrund des häufigen tiefen Einatmens bei schwerer körperlicher Arbeit einen quälenden trockenen Husten. Solange sich der Organismus nicht akklimatisiert hat, bringen weder Tabletten noch Salben noch Spritzen Erleichterung. Orlowski bleibt nichts weiter übrig, als Tschorny mit einem Scherz aufzumuntern.

Wenn im Basislager jemand mit Husten zum Doktor kommt, führt er ihn gewöhnlich in sein Zelt mit der Aufschrift »Khumbulatorium« und rät, auf die reiche Auswahl an Medikamenten deutend: »Nimm dir, was du willst – es hilft sowieso nicht.« Swet Orlowskis humorige Heilmethode erhielt die inoffizielle Bezeichnung »Swetotherapie«.

11. April

Auf diesen Tag fällt ein kleines Ereignis: Balyberdin und Myslowski »überschreiten« als erste in der Expedition die 8000-Meter-Marke, nachdem sie oberhalb von Lager III fünf Seile fixiert haben. Inzwischen richten Schopin und Tschorny das Lager ordentlich her und bereiten die Standfläche für ein zweites Zelt vor. Das heißt, Tschorny bewerkstelligt das im wesentlichen allein. Schopin macht sich im Zelt zu schaffen, räumt dort auf und bereitet das Mittagessen zu. Nach draußen gehen kann er nicht, so sehr er das auch möchte. Beim Aufbruch hat Myslowski aus Versehen einen Schuh Schopins angezogen, dem der zurückgebliebene Stiefel seines Gefährten zu klein ist.

In der zweiten Tageshälfte steigen die vier ins Lager II ab. Tschorny spricht noch immer so leise, daß die anderen betrübt scherzen: »Kolja hat sich schon wieder krank geschrien!« Nein, es geht ihm wirklich nicht gut. Sie entscheiden daher nach kurzer Beratung, daß er ins Basislager zurückkehren müsse, damit sich die Geschichte mit Onischtschenko nicht wiederholt. In großer Höhe kann selbst eine scheinbar geringfügige Unpäßlichkeit rasch schlimmer werden, zu den unerwartetsten und tragischsten Folgen führen. Tschorny geht also nach unten.

13. April

Die drei Zurückgebliebenen machen sich daran, die Ausrüstung aus dem zweiten Lager ins dritte hinaufzuschleppen. Nach hundert Meter Aufstieg verspürt Schopin plötzlich einen stechenden Schmerz unter den Rippen. Er kann nicht weitergehen, läßt seine Last auf der Route zurück und folgt Tschorny nach unten. Binnen weniger Stunden ist Myslowskis Gruppe halbiert worden. Ein nicht gerade glücklicher Feiertag – nach dem tibetischen Kalender beginnt nämlich am 13. April ein neues Jahr, das Jahr 2039.

Dem oben zurückgebliebenen Duo gelingt es, oberhalb von Lager III noch drei Seillängen weiter vorzudringen, so daß es nun eine Höhe von etwa 8050 Metern erreicht hat. Der erschöpfte Myslowski beginnt abzusteigen, doch Balyberdin beschließt, noch eine Weile allein weiterzuarbeiten. Aber bald verliert er einen Handschuh und kehrt daraufhin, um sich nicht die Hand zu erfrieren, ebenfalls schleunigst ins Lager III zurück.

Bei der abendlichen Funkverbindung erhalten Myslowski und Balyberdin den Auftrag, am nächsten Tag herunterzukommen. So steigen sie, die ihren dritten Aufstieg geschafft haben, also ins Basislager ab. Die beiden anderen der Vierergruppe und Schopin sind dort bereits eingetroffen und befinden sich in der Obhut des Expeditionsarztes.

Swet Orlowski

49 Jahre. Ein erfahrener Alpinist, der mehrmals Siebentausender der Sowjetunion bestiegen hat. In Bergsteigerkreisen ist er allerdings bekannter als Arzt vieler Expeditionen sowie des Internationalen Lagers »Pamir«. Er hat schon so manchem in Not geratenen Bergsteiger das Leben gerettet. Einmal hat er in seinem Zelt in 4000 Meter Höhe ohne die dazu eigentlich unentbehrlichen Instrumente erfolgreich ein aufgebrochenes Geschwür operiert.

Orlowski ist Kandidat der medizinischen Wissenschaften und als Chirurg in einer zentralen Moskauer Kinderklinik tätig, wo er die uneingeschränkte Liebe seiner kleinen Patienten genießt. In dringenden Fällen fliegt er auch in die fernsten Winkel unseres Landes, um dort Konsultationen und schwierige Operationen durchzuführen.

Auf die Frage, warum er ausgerechnet Kinderchirurg geworden sei, antwortet Orlowski: »Wissen Sie, ich habe auch selbst schon lange darüber nachgedacht und bin zu folgender Schlußfolgerung gekommen: Aus der ganzen Vielfalt der Medizin habe ich gerade diese Fachrichtung gewählt, weil ich, wenn es mir gelingt, meinen Patienten zu heilen, ihm sein ganzes Leben rette ...«

Äußerlich sehr seriös wirkend, ist Orlowski doch ein immer zu Scherzen aufgelegter Mensch. Eine Behandlung durch ihn ist immer angenehm und zuverlässig, wovon sich viele Mitglieder der Himalaja-Expedition überzeugen konnten.

Nach einigen Tagen sind Tschorny und Schopin mit des Doktors Hilfe wieder auf den Beinen. Zusammen mit Myslowski und Balyberdin, die vom Berg zurückgekehrt sind, begeben sie sich hinunter zum Kloster Thangboche. In dessen malerischem Rhododendronhain sollen sich alle Bergsteiger vor dem Antritt zum entscheidenden Sturm auf den Everest erholen und Kräfte sammeln. Wir aber wollen uns indes im Basislager umsehen, um seine übrigen ständigen Bewohner kennenzulernen.

Am Eingang zum Zeltstädtchen stehen die Zelte unserer zwei nepalesischen Verbindungsoffiziere. Mister Shrestha vertritt die Polizei, Hauptmann Bista die Armee. Gewöhnlich werden Expeditionen nur von einem Offizier begleitet. Daß es diesmal zwei sind, ist durch folgenden Umstand zu erklären: Am Vorabend der Ankunft der sowjetischen Alpinisten in Nepal ertönte in mehreren westlichen Medien, als habe jemand mit einem Dirigentenstab gewinkt, die Kakophonie antisowjetischer Propaganda.

Für die Russen, so hieß es, sei die Bezwingung des Everest zweitrangig. In der Hauptsache gehe es ihnen darum, auf dem »Dach der Welt« eine Beobachtungsstation(!) einzurichten. Diese »Sensation« war über Meere und Berge bis nach Nepal gedrungen. Aus diesem Grund hatte man dann die Landung einer sowjetischen Linienmaschine auf dem Flughafen der Hauptstadt nicht genehmigt, so daß man das Expeditionsgepäck in Delhi in nepalesische Flugzeuge umladen mußte, was einige Tage kostete.

Und deshalb nahmen es auch die Zollbeamten in Katmandu so überaus genau. Sie öffneten und durchsuchten sämtliche Gepäckstücke der Expedition, wodurch abermals mehrere Tage der so wertvollen Zeit verlorengingen. Teile der geheimnisvollen »Beobachtungsstation« fand man natürlich nicht. Daraufhin beschlossen die dortigen Behörden, den Russen auf jeden Fall gleich zwei Verbindungsoffiziere mit auf den Weg zu geben. Die gewisse Reserviertheit, die Shrestha und Bista in den ersten Tagen der Bekanntschaft mit den sowjetischen Bergsteigern erkennen ließen, verwandelte sich bald in Wohlwollen und das Bemühen, mit allen ihnen zu Gebote stehenden Mitteln zum Gelingen der Expedition beizutragen. Ohnehin gehörte es zu den Pflichten des Begleitoffiziers, über Ordnung im Lager und die Einhaltung der angemeldeten Route zu wachen, vor allem aber war er verpflichtet, zu bezeugen, daß der Gipfel von den Bergsteigern tatsächlich erreicht worden ist.

Doch setzen wir unseren Spaziergang durch das Basislager fort. In einem geräumigen Zelt wohnen die Mitglieder des Filmteams aus Leningrad: Walentin Wendelowski und Dmitri Kowalenko. Sie haben noch einen Helfer, einen »Höhenkameramann«, den Alpinisten Chuta Chergiani (der an dem Gipfelangriff teilnehmen soll, wenn die Umstände es erlauben). Chuta haust in einem anderen Zelt und geht häufig mit auf die Route, um zu filmen und seinen Bergsteigerkameraden beim Tragen der Lasten zu helfen.

Unweit der Messe und der Küche befindet sich ein Zelt mit der auffälligen Aufschrift »Haupternährer« und dem unmittelbar über dem Eingang angebrachten Hinweis: »Halbverhungerte bitte eintreten!« Dieses Zelt beherbergt Wladimir Woskoboinikow, den Küchenchef. Er verdient es, daß man ihn näher vorstellt. Erstens, weil er eigentlich durch einen Zufall in den Himalaja gelangt ist, und zweitens, weil über die Köche in Hochgebirgsexpeditionen aus irgendwelchem Grunde selten oder gar nicht gesprochen wird. Dabei ist der Koch (wenn er sein Handwerk versteht) in jeder Expedition eine besonders geachtete Person.

Wladimir Woskoboinikow

42 Jahre. Kandidat der technischen Wissenschaften und Stellvertretender Generaldirektor einer Vereinigung mit einem überaus langen Namen: Wissenschaftliche Allunions-Produktionsvereinigung der Industrie für Nahrungsmittelkonzentrate und der speziellen Nahrungsmitteltechnologie.

Für den Sport hat Woskoboinikow, wie er selbst offen gesteht, »von Kindheit an nicht viel übrig gehabt, und Berge habe ich zum erstenmal im Sommer 1981 während der Pamirlager der künftigen Himalaja-Fahrer aus der Nähe gesehen«. Er war damals dorthin gekommen, um die unter seiner Leitung ausgearbeiteten Testrationen von Nahrungsmitteln an Ort und Stelle zu prüfen. Als der Berufskoch aus irgendeinem Grund einmal ausfiel, bereitete Woskoboinikow ein so vorzügliches Essen zu, daß der Berufskoch richtiggehend blamiert war.

Die Alpinisten mochten den kontaktfreudigen und sachlichen Woskoboinikow sehr. Sie schlugen ihm vor, sie nach Nepal zu begleiten. Ohne Zögern erklärte er sich bereit, für ein paar Monate den angesehenen Posten des Stellvertretenden Generaldirektors einer großen Vereinigung mit dem bescheidenen Platz am Herd der Himalaja-Expedition zu vertauschen.

Woskoboinikow erwies sich im wahrsten Sinne des Wortes als ein Glückstreffer für die Expedition. In zweieinhalb Monaten brachte er nicht ein einziges Mal das gleiche Gericht auf den Tisch, und an Festtagen verstand er so köstliche Menüs zusammenzustellen, daß sie auch den verwöhntesten Feinschmeckern gemundet hätten.

Zum Geschirr von Woskoboinikows Expeditionsküche gehörten Schnellkochtöpfe, die ihre Hersteller in Swerdlowsk als »Autoklaven« bezeichneten. Mit ihrer Hilfe ließen sich die Gerichte in der verdünnten Luft, in der, wie man noch aus den Schulbüchern weiß, Wasser bei einer Temperatur von weit unter 100 °C zu sieden beginnt, rascher und schmackhafter zubereiten.

Diese Wunder von Schnellkochtöpfen hatten die verschiedenste Größe und Form: kugelförmige Teekessel ohne Tülle; an gewöhnliche Blechkannen erinnernde Kasserollen mit Schraubdeckel. Kleinere Schnellkochtöpfe mit zwei bis drei Liter Fassungsvermögen gehörten zur Ausrüstung der Zwischenlager. Im Basislager wurde die Nahrung in großen Zehnliter-»Autoklaven« zubereitet; diese wurden in Schaumstoffhüllen gesteckt, so daß das Essen, wie in einem russischen Ofen, nachgarte und lange warm blieb.

Kurz gesagt, die Küche der Himalaja-Expedition war auf dem neuesten Stand der Hochgebirgstechnik. Daß Woskoboinikow anfangs nur unter Schwierigkeiten mit seinen nepalesischen Helfern zurechtkam, steht auf einem ganz anderen Blatt. Manchmal mit Hilfe eines Dolmetschers, häufiger jedoch ohne einen solchen verstand er es aber dennoch, dem Küchenpersonal zu erklären, was jeder einzelne und die ganze Brigade zu tun hatten.

Birendra, Sanam, Padam und Anga Norbu paßten sich nur langsam und mit Mühe den Eigenheiten der russischen Küche an. Noch schwerer fiel ihnen in der ersten Zeit die Einhaltung der Tagesordnung und der Hygienevorschriften. Die für das Küchenpersonal obligatorischen weißen Kittel und Mützen nahmen sie mit einhelligem und ansteckendem Gelächter entgegen; sie sahen diese Dinge wohl eher als Attribute eines festlichen Karnevals denn als notwendige Arbeitskleidung für die Küche an. Nachdem man sie aber mehrere Tage eindringlich aufgeklärt hatte, akzeptierten sie die Kittel und Mützen mit dem nötigen Ernst.

Exakte Eßzeiten einzuführen erwies sich als weit schwieriger. Die Helfer des Küchenchefs ließen sich schnell ablenken wie Kinder und vergaßen dann Zeit und Arbeit. Woskoboinikow erklärte ihnen geduldig, was zu welchem Zeitpunkt zu tun war. Es nützte nichts. Er hängte, für alle sichtbar, eine Speisekarte in Englisch und in der Landessprache aus. Ebenfalls vergebens. Das Mittagessen war abermals eine Stunde zu spät fertig. Den Küchenchef ärgerte das so, daß ihm der Appetit verging und er sich kategorisch weigerte zu essen.

Dieser Akt der Verzweiflung hatte eine unerwartete Wirkung. Nicht nur die unmittelbaren Helfer Woskoboinikows, sondern auch alle Sherpas kamen zu dem schmollend hungernden Küchenchef und baten ihn: »kani« (essen). Von diesem Tag an kehrte eine eiserne Ordnung ein. Wenn die Küchenhelfer etwas nicht rechtzeitig schafften, kamen freiwillig alle Sherpas zu Hilfe, die sich gerade im Basislager aufhielten.

Auch in der Messe herrschte seitdem mustergültige Ordnung. Einmal entstand aber dennoch eine kleine Verwirrung, und zwar durch die Schuld Orlowskis. Das kam so: Der höfliche und fleißige Sanam hatte Zahnschmerzen und sich deshalb an den Arzt gewandt. Im »Khumbulatorium« war für diesen Fall alles Notwendige vorhanden – eine von einem Akkumulator gespeiste transportable Bohrmaschine, Material zum Plombieren und Instrumente, um Zähne zu ziehen. Die kamen dann auch zur Anwendung: Der schmerzende Zahn war nicht zu retten.

Orlowski bat den kräftigen Nikolai Tschorny, ihm dabei zu assistieren; er sollte die Arme des vor Angst zitternden Küchenhelfers festhalten. Die Operation im höchstgelegenen Ambulatorium unseres Planeten ging rasch und glatt vonstatten. Der Doktor verabreichte dem Patienten eine Injektion und entfernte schmerzlos den Zahn. Sanam, der Höllenqualen erwartet hatte, war überglücklich und schwor, dem Diener Äskulaps jeden Wunsch zu erfüllen.

Ohne lange zu überlegen, bat Orlowski, man möge im Speiseraum fortan ihm als erstem die Mahlzeit servieren und dann erst dem Expeditionsleiter. Diese Bitte brachte den guten Sanam in schlimme innere Bedrängnis. Er, der schon an vielen Expeditionen teilgenommen hatte, wußte gut, daß stets der Expeditionsleiter als erster das Essen vorgesetzt bekam. Das war geheiligte Tradition.

Die ganze Nacht quälten den Gehilfen des Chefkochs Zweifel. Er wollte die Tradition nicht verletzen, fürchtete aber weit mehr noch die Strafe des Doktors. Am Morgen, zum Frühstück, erschien er, die Schüssel in beiden Händen haltend (ein Zeichen besonderer Verehrung), im Speiseraum und brachte seinem gestrigen Wohltäter als erstem das Essen, und erst dann bedachte er den Leiter der Expedition.

»Was verschafft dir diese Ehre, Swet?« wollte Tamm wissen.

»Ich habe Sanam gedroht«, bekannte Orlowski, »daß ich ihm den kranken Zahn wieder einsetze, wenn er mich nicht als ersten bedient ...«

Der Zwischenfall löste allgemein schallendes Gelächter aus. Als Sanam begriff, daß es sich nur um einen der üblichen Scherze des Doktors gehandelt hatte, lachte auch er herzlich mit. Er hat fortan nie wieder die Alpinistenetikette verletzt, und Orlowski brachte er unverminderte Hochachtung entgegen, war nach wie vor bemüht, ihm jeden Wunsch von den Augen abzulesen.

Die Messe war das anerkannte Zentrum des Basislagers. Dort spielten sich sowohl komische als auch tragische Ereignisse ab, dort wurden die Ergebnisse der Seilschaften am Berg analysiert, wobei die Leiter der Expedition und die Alpinisten nach guter Bergsteigertradition einander offen ihre Meinungen über das Vorwärtskommen an der Südwestwand des Mount Everest darlegten (und es waren durchaus nicht immer nur angenehme Worte).

Hier in der Messe wurden auch die zahlreichen Gäste des Basislagers empfangen: Touristen, Teilnehmer an sogenannten Trekkings. Trekking ist eine Form des Bergtourismus, die von Spezialunternehmen organisiert wird; diese stellen den Touristen gegen ein bestimmtes Entgelt die notwendige Ausrüstung und Verpflegung sowie Bergführer und Träger zur Verfügung.

Die Geschichte des Trekking im Himalaja begann 1965, als drei im Bergsteigen unerfahrene Männer einen Marsch zum Fuße des höchsten Gipfels der Erde unternahmen. Seitdem ist die Zahl solcher Gebirgstouristen erheblich gestiegen. Jährlich kommen viele Tausende nach Nepal, die auf sechzehn heute gut markierten Routen Bergwanderungen durch den Himalaja unternehmen.

Das Basislager der sowjetischen Expedition wurde zu einem beliebten Ziel: Man weilte am Fuße des Everest und machte zudem noch die Bekanntschaft sowjetischer Bergsteiger. Es kamen viele Touristen, beinahe zu viele.

Damit diese Besuche den Rhythmus des Lagerlebens nicht allzusehr störten, brachten die Verbindungsoffiziere an deutlich sichtbarer Stelle ein Schild mit der englischsprachigen Aufschrift an: »Fremden Zutritt untersagt«. Der Strom der Gäste verringerte sich allerdings in keiner Weise.

Die Hauptlast lag auf dem Küchenchef und seinen Helfern. Sie beköstigten die Gäste, bewirteten sie mit Tee und bekamen mehr als einmal die schon traditionelle Frage zu hören: »Warum nur Tee? Wie steht's mit russischem Wodka?« Auf dem Touristenpfad hatte sich nämlich das Gerücht verbreitet, die sowjetische Expedition führe vierzig Kisten Wodka mit sich. Neuigkeiten wandern hier oben – wie, weiß keiner – mit Windeseile von Mund zu Mund, wobei in diesem Falle noch zu erwähnen wäre, daß die Einfuhr von Spirituosen nach Nepal streng verboten ist.

Die eine Version lautete, daß der Wodka dazu diene, die russischen Bergsteiger bei Laune zu halten, damit sie gut arbeiteten. Die andere lief etwa auf folgendes hinaus: Die Russen sitzen in ihrem Basislager, picheln von morgens bis abends Feuerwasser und haben den Aufstieg längst vergessen. Schließlich klärte sich doch auf, wie das Gerücht entstanden war: Die Träger hatten die Kisten mit den Sauerstoffflaschen, auf denen Gläser abgebildet waren (»Vorsicht, zerbrechlich!«), für Wodkakisten gehalten!

Nicht selten saßen Gäste bis zum späten Abend in der Messe, speisten zusammen mit unseren Leuten, die vom Berg zurückgekehrt waren (natürlich gab es keinen Wodka, in der Expedition herrschte strenges Alkoholverbot), sangen Lieder und diskutierten über Probleme, von denen es ja mehr als genug in unserer Welt gibt.

Der Zustrom von Touristen bereitete besonders den kontaktfreudigen Sherpas Vergnügen, die mitunter vor Freude sogar die ihnen übertragene Arbeit vergaßen. So erging es einmal dem jungen Sherpa Ang Furba. Er hatte sich erkältet, hatte Halsschmerzen, konnte nicht an der Route arbeiten und blieb lange im Basislager. Pemba Norbu, der Sirdar der Expedition, Bezwinger des Everest, der an fünfundzwanzig Expeditionen auf den höchsten Gipfel teilgenommen hatte und unter den Sherpas unumstrittene Autorität genoß, stellte Ang Furba »während der erzwungenen Wartezeit« dem Küchenchef als Helfer zur Verfügung. Dieser bekam den Auftrag, den Fußboden der

Messe mit Schieferplatten auszulegen, von denen es rund um das Lager mehr als genug gab.

Der Sherpa machte sich bereitwillig an die Arbeit und ging das Baumaterial holen. Unterwegs begegnete er einer der üblichen Touristengruppen, in der eine hübsche Französin seine besondere Aufmerksamkeit erregte. Ang Furba vergaß alles um sich herum und führte mit ihr ein lebhaftes und endlos langes Gespräch. Als er endlich ins Lager zurückkehrte, natürlich ohne Schieferplatten, bedeutete ihm der Küchenchef schroff, daß er künftig auf seine Hilfe verzichte.

Der Sherpa machte auf der Stelle kehrt, schleppte unverzüglich die Platten herbei, und nach kurzer Zeit hatte die Messe, um Woskoboinikows Worte zu gebrauchen, »zwar kein Parkett, aber einen äußerst ebenen Fußboden«. Ang Furba wurde selbstverständlich verziehen, die Sherpas aber zogen ihn noch lange wegen der charmanten Französin auf, der es letztlich zu danken war, daß die Messe ein so hübsches Aussehen erhalten hatte.

Ein zweites beliebtes Zentrum des Basislagers war der Funkraum. Dort trafen die Nachrichten vom Berg ein, der sich gleich nebenan erhob. Von dort wurden Funksprüche nach Katmandu und in die ferne Heimat gesandt, wo Tausende mit Ungeduld die Meldungen vom Verlauf des Gipfelsturms erwarteten. Der Insasse des Zeltes, Juri Kononow, war eines der am besten informierten Mitglieder der Expedition.

Juri Kononow

51 Jahre. Kandidat der geologischen und mineralogischen Wissenschaften, am Kiewer Institut für Geochemie und Physik der Minerale tätig. Früher ein hervorragender Alpinist, der mehrfach Siebentausender der Sowjetunion bestiegen hat, früher deshalb, weil ihm in den letzten Jahren die Zeit für Besteigungen gefehlt hat. Er hat im Auftrag der Organisation der Vereinten Nationen in Nepal gearbeitet, um Bodenschätze zu erkunden. Daher kennt er das Land gut und beherrscht mehrere dort gesprochene Dialekte.

Kononow sollte die Himalaja-Expedition eigentlich als Dolmetscher begleiten, doch im letzten Moment übertrug man ihm infolge Erkrankung des etatmäßigen Funkers auch noch dessen Funktion (Juri hatte sich früher einmal mit Funktechnik beschäftigt). So wurde er also Funker und Dolmetscher, und er verstand es, beide Aufgaben erfolgreich zu erfüllen.

Dreimal am Tage drängen alle Bewohner des Basislagers in Kononows Zelt, um die letzten Neuigkeiten vom Berg zu hören. Die Verbindung mit den Seilschaften wird mittels einer Minifunkstation aufrechterhalten. Dreimal täglich treffen die Meldungen von der Südwestwand im Funkzelt ein.

Diese Meldungen sind gleichsam winzige Kapitel eines packenden Epos von Stärke und Tapferkeit des Menschen, von seinem Kampf gegen sich selbst und gegen die entfesselten Elemente; von Freundschaft und gegenseitiger Hilfe, ohne die Alpinismus undenkbar ist; von dem schweren und endlos langen Weg zum Gipfel unseres Planeten – einem Weg, auf dem jeder Schritt teuer erkauft wird. Schließen auch wir uns wieder den Bergsteigern auf diesem Weg an!

Myslowskis Vierergruppe hat also bei ihrem letzten Aufstieg vor dem Gipfelsturm oberhalb des Lagers III acht Seile fixiert und ist danach ins Basislager abgestiegen, um sich zu erholen. Danach ist Iljinskis Mannschaft nach oben gegangen, aber wiederum ohne ihren ursprünglichen Leiter; der kann nicht mehr in die Aufstiege seiner Kameraden einbezogen werden, arbeitet mit anderen Gruppen zusammen. Iljinskis Leute haben nicht die Aufgabe, noch höher zu klettern. Auf sie wartet die mühselige, in diesen Höhen ungemein schwere Arbeit, die Lasten aus dem zweiten Lager in das dritte hinaufzuschleppen.

Lager II erinnert von Tag zu Tag mehr an ein Warenlager unter freiem Himmel. Dort türmt sich die von den Hochträgern hinaufgebrachte Ausrüstung für die Lager III, IV und V. Höher zu gehen lehnen die Sherpas ab. Sie sind es nicht gewohnt, bei so schlechten Wetterbedingungen zu arbeiten. Ständige Schneefälle und böige Winde verschlechtern den Zustand der schon präparierten Route, die ohnedies schon schwierig für die Träger ist.

An den schlüpfrigen steilen Felsen stürzt ein Sherpa ab. Kurz danach noch einer. Zum Glück geht alles glimpflich ab, doch höherzugehen weigern sich die Träger kategorisch. Da hilft kein Zureden der Begleitoffiziere und des Sirdars, auch nicht die Entlassung eines offenkundigen Faulpelzes. Sich weigern – das ist eigentlich nicht ganz richtig ausgedrückt: Sie können nicht höher steigen, es ist zu schwer für sie. Lediglich zwei der erfahrensten Träger schleppen ihre Last noch ein Stück in Richtung Lager III und hängen sie an ein Fixseil, dann folgen sie den anderen nach unten.

In vier Tagen schleppen Walijew, Chrischtschaty, Tscheptschew und der ihnen als Helfer zugeteilte Chergiani (er schafft freilich nur einen einzigen Lastentransport) dreimal die schweren Rucksäcke von 7350 auf 7800 Meter Höhe. Unterdessen ist die Iwanow-Gruppe über die schon präparierte Route hinaus mühsam weiter nach oben vorgedrungen, bis dorthin, wo der schwierigste Abschnitt beginnt – die steilen Felsen in über 8000 Meter Höhe. Beschlossen wird, daß Berschow und Turkewitsch, die besten Felskletterer des Landes, den entscheidenden Abschnitt des Pfeilers versichern sollen.

16. April

Berschow und Turkewitsch schaffen, sich an die Steilwand aus verschneiten und brüchigen Felsen pressend, die oberhalb von Lager III versicherten acht Seillängen verhältnismäßig schnell. Nirgends läßt sich ein zuverlässiger Haken einschlagen. Zentimeter um Zentimeter schiebt sich Berschow – an diesem Tag der Vordermann – die Wand hinauf, allein von seinem Kameraden abgesichert, und er trotzt ihr nach und nach etwa fünfzehn Meter ab. Nach einer Stunde ist der schwierige Abschnitt bewältigt. Doch was folgt, ist um nichts leichter. Eher im Gegenteil: eine 400 Meter hohe, fast senkrechte Wand. Links und rechts steile Abbrüche, so daß sie nicht zu umgehen ist. Noch vierzig Meter werden geschafft, ein weiteres Seil wird fixiert. Dann kann man etwas verschnaufen, bis der Gefährte mit dem schweren Rucksack heran ist.

»Und dann wieder eine vertikale Wand«, erinnert sich Berschow, »fast griff- und trittlos. Turkewitsch und ich, wir klettern schon so lange zusammen, daß wir einander auch ohne Worte verstehen. Mischa bietet mir schweigend seine Hüfte, ich steige ihm rasch auf die Schultern und ziehe mich hinauf. Die Felsen sind hier ebenfalls verschneit und brüchig. Oben springt ein Sims vor. Es bleibt nur ein Weg – zwischen der Felswand und einer riesigen Schneewächte. Dieser Spalt ist so eng, daß man den Rucksack abnehmen muß, um sich hineinzuzwängen. Ich erklimme endlich eine schmale Stufe. Rechts die Steilwand zum Bonington-Couloir, genau über uns die schroffe Felsmauer.

Ich klettere höher, und – wieder eine überhängende

Wand. Risse, um Haken einzuschlagen, gibt es nicht. Schließlich finde ich doch etwas, was entfernt an einen Spalt erinnert, und kann mit großer Mühe einen Haken anbringen. Ich bin nicht davon überzeugt, daß er hält, und sichere das Seil auch noch über einen Vorsprung. An dem Haken ist eine Sicherungsschlinge eingehängt. Ich packe sie und erreiche, wie ein Pendel hin und her schwingend, den Haken. Zirkus in 8200 Meter Höhe. Das muß man gesehen haben!«

Doch nur Iwanow und Jefimow, die mit den Lasten für das Lager folgen, sehen die beiden. Als sie hinter einer Biegung am elften Seil hervorkommen, entdecken sie an der völlig senkrechten Wand die beiden winzigen roten Menschengestalten. Sogar sie, alte Hasen sozusagen, sind frappiert von diesem Anblick. »Wenn es auf der Krim oder an den Felsen des Petit Dru gewesen wäre, hätte mich das kalt gelassen. Aber hier, auf dem Everest, in über 8000 Meter Höhe, sah das geradezu unglaublich aus«, schreibt Iwanow in seinem Tagebuch.

Bis fünf Uhr abends sind fünf Seile fixiert. Der größte Teil des Weges ist Schwierigkeitsgrad V gewesen. Nachdem Berschow und Turkewitsch die Ausrüstung an der Wand befestigt haben, beginnen sie mit dem Abstieg. Sie lassen sich mit Hilfe von Seilbremsen hinab, an den dünnen Seilen über einem anderthalbtausend Meter tiefen Abgrund schaukelnd. Tief unten sind die bunten Tupfer der Zelte von Lager I, II und III zu erkennen.

17. April

Am Morgen stellt das Basislager Funkverbindung zunächst mit der Gruppe Iwanow her; als erstes wird immer mit denen Funkverbindung aufgenommen, die am höchsten aufgestiegen sind. Der Tagesplan? Noch ein paar Seile fixieren, versuchen, einen Platz für das vierte Lager zu finden, die zu seiner Errichtung notwendige Ausrüstung hinaufschaffen! Die Stelle, wo Berschow und Turkewitsch am Vortag das Präparieren der Route beendet haben, erreichen sie gegen vierzehn Uhr.

Bald befinden sie sich auf dem scharfen Grat des Pfeilers. Vor ihnen ragt wiederum ein überhängender Felsabschnitt auf, doch umgehen läßt er sich nicht. Einen zuverlässigen Haken einzuschlagen gelingt nicht, die verwitterten Felsen zerbröckeln. Turkewitsch, der an diesem Tag vorangeht, steigt auf die Schultern seines Kameraden. Berschow hält mühsam die Balance auf der schmalen, kaum einen halben Meter breiten Fläche.

»Wir waren durch ein und dasselbe Seil verbunden«, erzählt Turkewitsch. »Falls ich abstürzte, hatten wir nur eine Chance, uns zu halten, indem Sergej auf der anderen Seite des Grates in die Tiefe sprang. Ich ertastete unter dem Schnee winzige Vorsprünge, doch mit Fausthandschuhen konnte man sich daran kaum festhalten, ich mußte diese ausziehen. Vorsichtig nahm ich den einen Fuß von Sergejs Schulter und setzte ihn auf seinen Helm, drückte seinen Kopf gegen den Fels, damit ich einen Halt unter meinem Fuß spürte und ihm nicht das Genick brach. Jetzt konnten wir hoffen, noch ein Dutzend Zentimeter zu schaffen.

Wenn der Fels mir doch nur einen einzigen zuverlässigen Halt böte! Die Hände beginnen zu erstarren, die Finger sind fast abgestorben, doch ich komme voran. Von unten höre ich Sergejs Stimme, aber ich verstehe nicht, was er ruft. Die Maske ist verrutscht, der Hammer aus der Schlinge gefallen, er hängt, an den Felsen verklemmt, an der Reepschnur, das Hakenbündel ist mir auf den Bauch gerutscht, das Gewicht des Rucksacks zieht den Körper nach hinten – alles ist hinderlich. Die Seile bleiben auch immer irgendwo hängen, ziehen einen nach unten, doch ich habe Stand, presse mich auf einem verschneiten schmalen geneigten Band an den Fels.

Ich muß jetzt die Hände warm bekommen, die Fäustlinge anziehen. Ich lasse mir jetzt Zeit, obwohl der nächste Abschnitt nicht einfacher ist als der vorangegangene. Doch ich werde weiterkriechen, kämpfen, wenn nur die Hände warm werden. Ich schlage einen Haken ein, sicher ist der nicht, aber immerhin ein Haken – ich kann mich daran festhalten, und das bedeutet jetzt Rettung und Hoffnung. Fünfzehn ganz schwierige Meter liegen endlich hinter mir. Später wird Myslowski auf diesem Abschnitt in eine kritische Situation geraten.«

Turkewitsch ist von neuem auf den scharfen Schneegrat des Pfeilers gelangt. Er hat keine Haken mehr, Sergej Jefimow bringt bald welche mit, aber man kann sie praktisch nirgends einschlagen. Turkewitsch schwingt sich im Reitersitz auf den Grat und schiebt sich langsam vorwärts, läßt dabei das eine Bein links, das andere rechts herunterhängen. Noch ganze drei Seillängen sind es bis zu einem geeigneten Platz. Beim Befestigen des letzten Seils zerbricht der Hammer. Sie müssen die Haken mit einem Stein einschlagen.

Iwanow kommt mit den Lasten zur Errichtung des La-

82/83
Unweit des Dudh Kosi, der dem Khumbu-Gletscher entströmt, liegt Pheriche, eines der höchstgelegenen Sherpa-Dörfer

Die ersten sowjetischen Bergsteiger auf dem Marsch zu der Stelle, wo das Basislager aufgebaut werden soll

gers herauf. Wenn man den scharfen Grat hier etwas einebnete, hätte man eine geeignete und sichere Stellfläche für das Zelt. Nötig wären dazu eine Lawinenschaufel und einige Stunden Tageslicht. Doch man hat weder das eine noch das andere. Sie legen die Lasten in eine Vertiefung zwischen den Steinen. Iwanows Viererseilschaft geht, nachdem sie diesen schwierigsten Abschnitt der Route überwunden hat, mit dem Gefühl nach unten, ihre Pflicht erfüllt zu haben. Sie wird abgelöst von der Seilschaft Chomutows, der nach Onischtschenkos Ausfall deren Leitung übernommen hat.

20. April

Chomutows Vierergruppe steigt bis zu der Stelle auf, wo Lager IV entstehen soll. Als sie die Standfläche hergerichtet und das Zelt aufgeschlagen haben, fällt die Dämmerung ein. Chomutow und Putschkow gehen nach unten. Moskalzow und Golodow bleiben oben, als erste Expeditionsteilnehmer übernachten sie in 8250 Meter Höhe. Am folgenden Tag wollen sie damit anfangen, die Route oberhalb von Lager IV zu versichern.

Am Morgen erwachen sie vor schneidender Kälte: Im Zelt sind minus 27 °C. Sie frühstücken. Moskalzow stellt die Ausrüstung für den Aufstieg zusammen, Golodow geht den Rucksack holen, den er am Vorabend zwanzig Meter unterhalb des Lagers zurückgelassen hat. Er nimmt ihn auf und klettert wieder nach oben. Bis zum Zelt bleiben nicht mehr als drei Meter. Er will sich erneut am Seilgeländer hochziehen und – stürzt ab.

Er fällt mehrere Meter und bleibt, den einen Fuß gegen einen kleinen Felsvorsprung gestemmt, am vorhergehenden Haken hängen. Mit dem schweren Rucksack nach oben zu klettern ist äußerst schwierig. Golodow ruft nach seinem Seilgefährten. Moskalzow steckt nichts ahnend den Kopf aus dem Zelt. »Wo bleibst du denn? Was ist los?« Plötzlich stellt er mit Entsetzen fest, daß der letzte Haken und das Ende des Fixseils verschwunden sind. Da wird ihm alles klar. Unter größter Anstrengung schlägt er einen Haken in den brüchigen Fels, übernimmt die Sicherung und hilft Golodow, zum Lager hinaufzuklettern.

Bald darauf langen Chomutow und Putschkow mit dem Sauerstoff und dem Proviant an. Zu dritt – Golodow hat nach dem Sturz starke Schmerzen im Schultergelenk – verbreitern sie die Stellfäche für das Zelt, damit vier Mann darin übernachten können, und steigen dann zusammen ins Lager III ab. Den Plan, die Route oberhalb von Lager IV zu versichern, müssen sie aufgeben. Am nächsten Tag schaffen sie noch einen Lastentransport zum Lager IV und gehen anschließend nach unten, um sich zu erholen.

Am Berg ist's wieder ruhig. Alle Seilschaften haben jeweils drei vorbereitende Aufstiege unternommen. Das Lager V zu errichten, wie es der Plan vorsah, ist nicht gelungen, der komplizierte Expeditionsmechanismus ist ins Stocken gekommen, der ganze Plan des Aufstiegs gefährdet. Wo sind die Ursachen hierfür zu suchen? Hier die Meinung von Cheftrainer Owtschinnikow:

»Während der Akklimatisationszeit waren die Teilnehmer noch nicht in der Lage, die Rucksäcke, die laut Plan 16 bis 18 Kilogramm Gewicht hatten, in Höhen über 6 500 Meter zu tragen; das schafften sie erst nach der Akklimatisation;

die Wetterbedingungen (starke Winde und Schneefall) waren 1982 sehr ungünstig, dadurch brauchte man eine längere Zeit, um die Route zu durchsteigen und zu präparieren;

der Verlust einiger Behälter, die für die Präparierung notwendige Ausrüstungsgegenstände (Seile, Karabiner, Haken) enthielten, während des Transports aus Katmandu ins Basislager zwang dazu, Hochträger vom Lastentransport oberhalb des Basislagers abzuziehen und sie nach Namche Bazar zu schicken, um das Fehlende zu kaufen und hinaufzubefördern;

die Leistungsfähigkeit der Hochträger war geringer als angenommen;

Erkrankungen einiger Teilnehmer der Alpinistengruppe führten nicht selten zu vorzeitigem Abstieg, was der Erfüllung der Transportaufgaben ebenfalls abträglich war;

unsere Hoffnung ruhte auf der Seilschaft Chomutow, die am Vortag des dritten Aufstiegs aufgebrochen war, um die Route bis zum Ausstieg auf den Westgrat (8 500 m) zu versichern und ein Zelt als Lager V aufzubauen. Doch Golodows Absturz hatte sich auf die Leistung der Alpinisten offenbar negativ ausgewirkt: Sie kehrten ins Basislager zurück, ohne daß sie den Versuch unternommen hatten, die Route oberhalb von 8 250 Metern zu präparieren.«

Soweit die logische und begründete Meinung des Cheftrainers über die Ursachen für das Nichteinhalten des Planes. Und dennoch, Fakt bleibt Fakt, das Gelingen der Expedition war in Gefahr. Den Gipfelsturm zu verschieben

86/87
Die Hauptkarawane ist im 5 300 m hoch gelegenen Basislager am Khumbu-Gletscher eingetroffen

Der größte Teil der Sherpa-Träger wird hier entlohnt und kehrt nun zurück

Am 22. März 1982 wird das Basislager feierlich eröffnet
Das »Wohnviertel« im Basislager

war unmöglich (die Wettervorhersagen verhießen nichts Gutes, und mit dem Einsetzen des Monsuns wäre an ein Ersteigen des Gipfels nicht mehr zu denken). Doch ihn zu beginnen, ohne zuvor den notwendigen Sauerstoffvorrat in die Hochlager zu schaffen, war ebenfalls nicht realistisch. Der Trainerrat suchte fieberhaft nach einem Ausweg aus der entstandenen Situation.

Inzwischen erholte sich die Seilschaft Myslowski, die als erste nach dem dritten Aufstieg am Berg zurückgekehrt war, in der Nähe des Klosters Thangboche. Vier Tage sollten sie sich in dem dortigen malerischen und duftenden Rhododendronhain ausruhen, sich auf dem grünen Rasenteppich ergehen und dem munteren Gezwitscher der Vögel lauschen können. Nach zwei Monaten Aufenthalt in nacktem Fels, Schnee und Eis kamen sie sich wie im Paradies vor.

Doch das paradiesische Leben währte nicht lange. Nach zwei Tagen schon beorderte der Leiter der Expedition Schopin und Tschorny zu sich und beauftragte sie, den Sauerstoff in das dritte und vierte Lager hinaufzubefördern. Um die Expedition zu retten, mußte jemand den Aufstieg zum Gipfel mit Sauerstoff absichern. Sie willigten schweigend ein: Was sein muß, muß sein.

Nikolai Tschorny

43 Jahre. Erfahrener Hochalpinist. Dreizehnmal hat er Siebentausender der Sowjetunion bezwungen, zwei Routen dabei als erster begangen. Zum Bergsteigen kam er, als er am Moskauer Institut für Energetik studierte.

»Nach einer Vorlesung sah ich eines Tages draußen im Gang«, erinnert sich Tschorny, »einen Aushang an der Wand, der für die Sektion Bergsteigen warb. Ich beschloß, einmal hinzugehen und zu sehen, was sie da treiben. Seitdem bin ich ›bergkrank‹, kann mir ein Leben ohne Berge und ohne Freunde, mit denen mich das Schicksal dort zusammengeführt hat, nicht mehr vorstellen.«

Nach Absolvierung des Instituts war er sechzehn Jahre als Energetik-Ingenieur tätig, in denen er seine ganze Freizeit dem Alpinismus widmete. Vor zwei Jahren hatte er sich entschlossen, das Bergsteigen zu seinem Hauptberuf zu machen. Er arbeitete jetzt als Stellvertretender Leiter der Internationalen Alpinistenlager der UdSSR.

Seine Frau Ljudmila war früher ebenfalls begeisterte Bergsteigerin. Auch die zwanzigjährige Tochter Marina ist kein seltener Gast in den Bergen, dem dreizehnjähri-

gen Sohn Pawel aber hat es der alpine Skisport angetan. An den wenigen Tagen, da sie einmal alle beieinander sind, unternehmen sie gern gemeinsame Ausflüge in die Natur, streifen durch den Wald, sammeln Pilze und Beeren.

Wladimir Schopin

Der Leningrader Wladimir Schopin ist zehn Jahre jünger als sein Partner und hat viel weniger Erfahrungen mit Höhenexpeditionen. Er hat erst zwei Siebentausender bestiegen; einen davon allerdings auf einer Route des höchsten Schwierigkeitsgrades, wofür er die Goldmedaille eines Landesmeisters bekam.

In die Berge ist er durch Zufall gelangt, sein Betrieb gab ihm eines Tages einen Ferienscheck für eine Reise in den Kaukasus. Und dort verliebte er sich endgültig und unwiderruflich in die Berge. Er begann ernsthaft zu trainieren und hatte bald große Erfolge im sportlichen Felsklettern zu verzeichnen.

Von Beruf ist Schopin Rundfunkmechaniker, ebenso wie seine Frau Galina. Im Gegensatz zu ihrem Mann war diese noch nie im Gebirge. Vor der Abreise nach Nepal verabredeten sie, nach Beendigung der Expedition zusammen mit ihrer neunjährigen Tochter Julija im Urlaub in den Kaukasus zu fahren, um sich die Berge anzusehen.

Nach Meinung von Schopins Freunden sind dessen hervorstechende Charakterzüge als Bergsteiger und Mensch: bewundernswerte Bescheidenheit und die Fähigkeit, sich in komplizierten Situationen rasch zurechtzufinden. Wie sagte doch Owtschinnikow in diesem Zusammenhang? »Schopin spricht nicht viel, aber nicht deshalb, weil er nichts zu sagen hat. Er gehört zu jenen bewundernswerten Menschen, die weit weniger an sich als an andere denken.«

90/91
Die Sherpas haben sich auf ihre Weise eingerichtet und rund ums Lager Gebetsfahnen aufgestellt

»Onkel Tamms Hütte«, das Zelt des Expeditionsleiters

Der Tschomolungma vom Khumbu-Gletscher aus gesehen

22. April

Schopin, Tschorny, Chergiani und einige Sherpas brechen auf, um Sauerstoff in das zweite und dritte Lager hinaufzuschaffen. Unten gehen inzwischen die heißen Diskussionen weiter, wer aufsteigen solle, um das Lager V zu errichten und danach den Angriff auf den Gipfel zu versuchen. Man spielt zahlreiche Varianten durch, und eine jede hat ihr Für und Wider. Die Hauptschwierigkeit besteht, kurz gesagt, im Faktor Zeit. Die Seilschaften Iwanow, Iljinski und Chomutow, die erst vor kurzem von oben zurückgekommen sind, haben es noch nicht geschafft, sich richtig auszuruhen und ihre Kräfte zu regene-

Хижина
Д-ра ТАММА

rieren. Was man braucht, ist Zeit, und die hat man nicht – die Zeit des Monsuns rückt näher.

Am meisten erholt wirkt zweifellos die Seilschaft Myslowski, die, wie wir schon wissen, nicht mehr aus vier, sondern nur noch aus zwei Mann besteht. Doch daß eine Zweierseilschaft die Versicherungsarbeiten an der Route leistet, das Lager V errichtet und gar noch den Sturm auf den Gipfel versucht – das erscheint mehr als schwierig. Anfangs steht diese Variante Myslowski-Balyberdin auch überhaupt gar nicht zur Diskussion. Doch dann kommt sie immer öfter ins Gespräch: Die Leiter der Viererseilschaften weisen zu Recht darauf hin, daß ihr Aufstieg ohne vorhergehende echte Erholung uneffektiv sei.

»Wir setzten unsere ganze Hoffnung, offen gesagt, auf Myslowski und Balyberdin, die die ganze Zeit einwandfrei an der Route gearbeitet hatten«, erinnert sich Owtschinnikow. »Wir waren überzeugt, daß sie es schaffen würden, auch wenn die vor ihnen stehende Aufgabe sehr, sehr schwer war.«

»Ja, so war es«, bestätigt Tamm. »Und dennoch konnten wir ihnen nicht befehlen, nach oben zu gehen. Wir mußten auf ihren Enthusiasmus und ihren freiwilligen Entschluß bauen, als erste zum Sturm anzutreten.«

An dem Tag, an dem Schopin und Tschorny aufbrachen, um den Sauerstoff hinaufzubefördern, waren Myslowski und Balyberdin ins Basislager zurückgekehrt. Während sie sich hier ausruhten, dachten sie über das gleiche Thema nach wie die Leiter der Expedition. »Balyberdin und ich haben alles besprochen«, schrieb Myslowski in sein Tagebuch. »Irgend jemand muß es ja schließlich tun. Uns ist alles klar: Wir werden arbeiten, die Chancen, am Aufstieg teilzunehmen, sind jedoch gering. Doch versuchen, auf den Gipfel zu gelangen, das werden wir unbedingt. Einen anderen Ausweg gibt es für uns nicht ...«

So entstand der Stoßtrupp Myslowski-Balyberdin. Er bestand aus zwei Männern, verschieden nicht nur, was Alter und Erfahrung, sondern auch was Charakter und Temperament anbelangt, aber vereint durch die Begeisterung für den Bergsport und durch das Verantwortungsgefühl für ihre Mannschaft, um derentwillen sie auch zu der schwersten Arbeit bereit waren. Der Sherpa Nawang erbot sich, ihnen beim Transport der Lasten zu helfen, unter der Bedingung, daß er im Falle eines günstigen Ausgangs ihres Unternehmens die Möglichkeit erhielte, beim Gipfelsturm dabeizusein.

Der Gipfel

Der längste Tag

Die Tage vergehen eintönig und langsam. Oben arbeitet man daran, den Sauerstoff in die Hochlager zu befördern. Solange diese Arbeit nicht beendet ist, hat es für Myslowski und Balyberdin keinen Sinn aufzubrechen. Das Wetter ist nach wie vor alles andere als ideal: Kälte, starker Wind, tagsüber schneit es. Pemba Norbu meint, daß sich das Wetter stabilisieren werde. Die Zeit verstreicht, doch eine Wende zum Besseren ist nicht abzusehen.

24. April

Alle Mitglieder der Expedition, außer den Gruppen Iwanow und Iljinski, die sich zur Erholung in Thangboche befinden, haben sich im Zentrum des Basislagers versammelt. Tamm händigt Myslowski und Balyberdin die Flaggenwimpel der Sowjetunion, Nepals und der UNO aus. Übermorgen sollten sie aufbrechen, doch dann wird der Aufbruch noch um einen Tag verschoben.

Es wird exakt festgehalten, welches Gewicht die Rucksäcke auf den einzelnen Abschnitten jeweils haben. Dabei stellt sich heraus, daß die schwersten Lasten (annähernd je 20 Kilo) auf dem kompliziertesten Abschnitt zwischen Lager III und Lager IV zu schleppen sind. Das ist keine erfreuliche Feststellung, aber eine andere Variante gibt es nicht. Es gilt, sich moralisch und körperlich auf den schweren Gipfelsturm vorzubereiten.

Der Plan sieht vor, daß Myslowski und Balyberdin alles Lebensnotwendige in das Lager IV hinauftragen und die Route bis 8500 Meter Höhe versichern, wo sie das Lager V errichten sollen. »Das ist ihre Hauptaufgabe«, präzisiert Tamm, »wenn ihnen noch Kraft zum Aufstieg auf den Gipfel bleibt, dann wird das ausgearbeitete System der Hilfeleistung in Aktion treten.«

94/95
Die schwierigsten Stellen im Khumbu-Eisbruch werden mit Hilfe von Aluminiumleitern und Seilgeländern überwunden

Nach Aufbau von Lager V soll die Zweierseilschaft zur Übernachtung ins Lager IV (8250 m) absteigen, wohin die

Gruppe Iwanow den Sauerstoff für den Gipfelsturm befördern und dann ins Lager III (7 800 m) zurückkehren würde. Die ihnen nachfolgende Seilschaft Iljinski wird Sauerstoff in 8 250 Meter Höhe schaffen und ins Lager III zurückkehren, das die aufgestiegene Viererseilschaft Iwanow zu diesem Zeitpunkt verlassen würde. Die Iljinski-Gruppe soll nach dem gleichen System von der Viererseilschaft Chomutow mit Sauerstoff versorgt werden. Schopin und Tschorny beschließen die »Prozession« zum Gipfel.

Dieses komplizierte Schema, das von jeder Gruppe peinliche Genauigkeit der Aufgabenerfüllung erfordert, gibt (rein theoretisch) allen Alpinisten die Möglichkeit, in kurzer Zeit den Gipfel zu erreichen. Erinnern wir nochmals daran: Die Zeit des Monsuns rückt immer näher, und die Vorhersagen für Anfang Mai verheißen nichts Gutes. Wir wollen auch nicht vergessen, daß der Everest schon mehrmals seine Korrekturen an den Plänen der sowjetischen Expedition vorgenommen hat.

27. April

Die Bewohner des Basislagers stehen an diesem Tag früher als gewöhnlich auf, um dem Duo des Vortrupps das Geleit zu geben. Nachdem Myslowski und Balyberdin rasch gefrühstückt haben, verabschieden sie sich von den Kameraden, und um sechs Uhr morgens brechen sie auf. Noch sind sie nicht weit gekommen, da vernimmt Myslowski, der vorangeht, hinter sich plötzlich ein Splittern. Er wendet sich um: Balyberdin steht bis zu den Knien im Wasser – die nächtliche Eisdecke hat nicht gehalten. Sie beschließen, erst einmal weiterzugehen, als ob nichts geschehen wäre, damit die Zurückgebliebenen die »Schande« nicht sehen. Es war ja auch zum Lachen: Da sind sie zum Sturm auf den Everest angetreten und brechen nun in eine ganz ordinäre Pfütze ein, kaum daß sie hundert Meter vom Basislager zurückgelegt haben! In »sicherer« Entfernung von den Zurückbleibenden machen sie halt. Balyberdin zieht seine Ersatzsocken an, dann marschieren sie weiter.

Sie gehen ohne Hast, sparen ihre Kräfte. Anfangs hat Balyberdin kalte Füße, doch bald kommt die Sonne heraus und trocknet die durchnäßten Stiefel. Ihre Stimmung steigt. Sie denken nicht mehr an den Zwischenfall mit der Pfütze, zumal ihnen ja noch weit ernstere Prüfungen bevorstehen.

Nach etwa fünf Stunden haben sie den Eisbruch überwunden und 6 100 Meter Höhe erreicht. Im Zelt des Zwischenlagers verschnaufen sie, trinken Tee und setzen dann den Weg durch das Tal des Schweigens fort. In der zweiten Tageshälfte langen sie im Lager I an, wo Nawang sie erwartet. Sie überschlagen noch einmal den Sauerstoffvorrat. Er müßte für drei Personen reichen: vier Flaschen im Lager IV, zwei im Lager III, und je drei wollen sie selbst mitzunehmen versuchen.

Gegen Abend kommt Schopin ins Lager herabgestiegen. Er fühlt sich in bester Verfassung und ist überzeugt, daß er nach der nunmehrigen Akklimatisation mühelos den Gipfel erreichen werde, wenn er die Möglichkeit dazu bekäme. »Ich empfand so etwas wie Gewissensbisse«, schreibt Balyberdin in seinem Tagebuch, »daß nun wir den Gipfel besteigen, Schopin aber erst ganz ans Ende der langen Reihe von Anwärtern auf den Gipfelsturm zu stehen kommt. Ich versprach sogar, ihm Gesellschaft zu leisten, falls er keinen Partner fände. Ich fühlte mich ungemein stark und hoffte, daß mir dieser Aufstieg nicht alle Kräfte rauben, eine kurze Erholungspause genügen würde, um noch ein zweites Mal aufzusteigen.«

Um es gleich vorwegzunehmen: Balyberdin kam nicht dazu, seinem Kameraden »Gesellschaft zu leisten«. Weder Schopin noch Tschorny war es vergönnt, zum Gipfelsturm anzutreten; der Everest zwang die Expeditionsleitung abermals, den bis ins Detail ausgearbeiteten Plan wesentlich zu korrigieren. Doch wir wollen den Ereignissen nicht vorauseilen.

28. April

In der Morgenfrühe brechen Myslowski, Balyberdin und Nawang mit ihren schweren Rucksäcken aus dem Lager I auf. Sie nehmen reichlich Lebensmittel mit (auf manche Dinge hätten sie, wie sich später zeigt, gut und gerne verzichten können), außerdem nehmen sie unterwegs die freien Karabinerhaken ab. Mit einem Wort, sie schleppen mehr mit, als nötig gewesen wäre, und bald spüren sie, daß die Erschöpfung immer stärker wird.

Auf den Gedanken, die Expeditionsleitung per Funk zu bitten, ihnen noch einen oder zwei Sherpas aus dem Basislager zur Unterstützung wenigstens bis Lager II heraufzuschicken, kommen sie nicht. Die Beziehungen zwischen Trägern und Bergsteigern haben sich überhaupt eigenartig entwickelt, was die Arbeit betrifft. Sie wirken sich eher hemmend als fördernd aus.

»Bis zum Ende der Expedition vermochten wir uns psychologisch nicht richtig auf unsere Freunde, die Hochträ-

98/99
Vom Khumbu-Gletscher aus ist der Pfeiler der Südwestwand gut zu überschauen

Filmaufnahmen im Lager I

ger, einzustellen«, erinnert sich Balyberdin. »Während unseres ganzen Bergsteigerlebens hatten wir uns dazu erzogen, uns allein auf uns selbst zu verlassen, nicht mit fremder Hilfe zu rechnen. Daher schämten wir uns, die Sherpas zu bitten, etwas von unseren persönlichen Sachen oder der Gruppenausrüstung zu tragen, selbst wenn dies nicht zu umgehen war. Und wenn sich die schwere Arbeit auf den vorangegangenen Aufstiegen auch insofern bezahlt gemacht hatte, als wir dadurch völlig akklimatisiert waren, so galt es beim letzten Aufstieg doch, mit den Kräften hauszuhalten.«

Gegen Abend erreichen sie Lager II. Während Myslowski und Balyberdin das Abendessen zubereiten, plaudern sie mit Nawang. Über den Himalaja, die Sherpas, über die Expeditionen zum Everest, an denen er teilgenommen hat.

Nawang reizt es, den Gipfel auf der schwierigsten Route zu besteigen. Er betet eifrig, hängt Myslowski und Balyberdin von einem Lama geweihte rote Schnüre um den Hals und gibt ihnen einige geweihte Reiskörner, die sie unbedingt essen müssen. Dazu wirft er mit Gebeten beschriebene Blätter in die Luft; der Wind reißt die Papierfetzen mit sich fort und trägt sie wie wirbelnde weiße Flocken in die Höhe.

Nach dem Abendessen bereitet sich Balyberdin für die Nacht vor. In dem vom Atem der Menschen und den Primuskochern erwärmten Zelt haben nur zwei Platz zum Schlafen, einer muß also in dem anderen Zelt nächtigen. Balyberdin zieht sich so warm wie möglich an: Nachts sind die fünfzehn Meter bei dem starken Wind und Frost auf der schmalen Leiste, die zum Nachbarzelt führt, keine Kleinigkeit.

Myslowski kriecht in den Schlafsack. Morgen muß man gut ausgeschlafen und ausgeruht sein, denn der schwierigste Teil der Route beginnt. Nawang bereitet sich auf seine Weise vor. Er murmelt wiederum seine Gebete, bittet die Götter um Gesundheit und gutes Wetter. Erst gegen Morgen wird er still und schlummert ein mit der Gewißheit, daß nun ganz bestimmt alles ein gutes Ende nehmen werde.

29. April

Für den Aufbruch aus Lager II bereiten sie sich lange vor. Es stellt sich heraus, daß die Rucksäcke weit schwerer sind als geplant. Zudem müssen sie unterwegs auch noch den Sauerstoff und die Seile mitnehmen, da die Sherpas, die Schopin und Tschorny begleitet hatten, diese nicht bis zum Lager III hinauftragen konnten.

Sie kommen nur mühsam voran. Besonders schwierig sind die schrägen Traversen durch die Couloirs, wo das Seil an den Enden befestigt ist, während es in der Mitte über der vereisten Rinne durchhängt. Wer hier ausgleitet und an der Steigklemme hängt, kann mit der schweren Last auf dem Rücken lange zappeln.

Nawang hat den leichtesten Rucksack, doch ihm fällt das Gehen schwerer als Myslowski und Balyberdin. Vor einigen Tagen hatte er an einer verschneiten Wand ohne Brille gearbeitet und war schneeblind geworden. Nun fühlt er sich schon wesentlich besser, doch das ständige Stechen in den Augen raubt ihm zusätzliche körperliche und moralische Kräfte.

Obwohl sie spät aufgebrochen sind und sich keineswegs im Sprintertempo bewegt haben, erreichen sie Lager III noch bei Tageslicht. Doch zum Gespräch mit der Basis kommen sie wieder einmal zu spät. Myslowski und Balyberdin nehmen es während ihres letzten Aufstiegs überhaupt nicht sehr genau mit der Funkverbindung. Mehrmals (besonders an den folgenden Tagen) verschieben sie die abendliche Meldung auf einen späteren Zeitpunkt – und verspäten sich wiederum, so daß im Basislager alle beunruhigt sind.

Nachdem ihnen am Abend der Expeditionsleiter wegen der Verspätung den schon fälligen Rüffel erteilt hat, erfahren sie zwei Neuigkeiten. Im Basislager ist ein Team des sowjetischen Zentralen Fernsehens unter Leitung des ihnen allen gut bekannten Juri Senkewitsch eingetroffen. Dieser Arzt ist nämlich an der ärztlichen Untersuchung der Alpinisten beteiligt gewesen. Als Moderator der in der Sowjetunion populären Fernsehsendung »Klub der Reisenden« ist er auch bei den Dreharbeiten an einem Film über die Trainingslager im Tienschan und im Pamir dabeigewesen. Senkewitsch hat übrigens seinerzeit an den aufsehenerregenden Expeditionen des Norwegers Thor Heyerdahl auf den Papyrusbooten »Ra« und »Ra II« im Atlantik sowie auf dem Schilfboot »Tigris« im Indischen Ozean teilgenommen.*

102/103
Rast im Zwischenlager vor dem Weitermarsch ins Westbekken, ins »Tal des Schweigens«

In 6100 m Höhe werden die Zelte des Zwischenlagers aufgestellt

Am 25. März ist am Fuß der Südwestwand in 6500 m Höhe Lager I errichtet

Nach Fixieren von 28 Seilen (zu je 45 m Länge) finden die Bergsteiger am Südwestpfeiler ein winziges Plätzchen für Lager II

---

* Senkewitschs Buch über seine Erlebnisse auf der »Ra« ist unter dem Titel »Mit dem Papyrusboot über den Atlantik« beim VEB F. A. Brockhaus Verlag Leipzig auch in deutscher Übersetzung herausgebracht worden (1. Aufl. 1973).

Die Leute vom Fernsehen hatten aus Moskau Briefe und Tonbandaufzeichnungen von Angehörigen und Freunden der Bergsteiger mitgebracht. Kononow legte die Kassetten in das Magnettongerät der Expedition ein, und so waren die Stimmen aus der Heimat auch in 7800 Meter Höhe zu hören. »Myslowski fühlte sich in sein warmes gemütliches Heim in den Kreis seiner drei Frauen versetzt. Ich konnte mich gut an diese wunderbare Familie erinnern und mußte ihn einfach beneiden. Wieviel Fürsorge sprach aus den Worten seiner Frau und seiner Töchter, und wieviel Eifer klang aus den Liedern, die sie am Klavier sangen«, notierte Balyberdin in seinem Tagebuch. Ihm selber, einem Junggesellen und recht verschlossenen Menschen, »sandte nur die übermütige Gesellschaft Leningrader Freunde einen Gruß«.

Die zweite Neuigkeit: Frühmorgens waren Iwanow, Jefimow, Berschow und Turkewitsch aus dem Basislager aufgebrochen. Sie hatten am Abend vorgeschlagen, den Plan für den Gipfelsturm ein wenig zu modifizieren. Die Gruppe plante, nicht nur die vorangegangene Zweierseilschaft, sondern auch sich selbst mit Sauerstoff abzusichern. Sie wollten von der ihnen folgenden Viererseilschaft Iljinski möglichst unabhängig sein. In Anbetracht dessen, daß Myslowski und Balyberdin die Schwerstarbeit zu zweit zu leisten hatten, mußte man unvorhergesehene Ereignisse einkalkulieren. Tamm versprach, den Vorschlag im Trainerrat zu diskutieren und ihnen später mitzuteilen, was beschlossen worden war.

30. April

Morgens erwägen Myslowski, Balyberdin und Nawang lange, wie sie am besten die ganze notwendige Ausrüstung ins Lager IV befördern. Schließlich verteilen sie die Lasten annähernd folgendermaßen: Balyberdin 29 Kilogramm, Myslowski 27 und Nawang 26 Kilo. (Im Basislager geriet man in Unruhe, ob die Rucksäcke für die steilen Felsen auf diesem Abschnitt der Route nicht doch zu schwer seien.) Balyberdin, der sich anderthalb Stunden früher auf den Weg macht, schleppt aus Lager III auch noch die Filmkamera mit, die Schopin dorthin getragen hat. Als er den Grat erreicht, beginnt er zu filmen.

Inzwischen ist auch Nawang aus dem Lager aufgebrochen; er ist der kleinste der Hochträger und der riesige Rucksack fast so groß wie er selbst. Myslowski folgt ihm. Sie legen fünf Seillängen zurück und befinden sich nun in etwa 8000 Meter Höhe. Vor dem steilen Couloir macht der Sherpa plötzlich halt, und als Myslowski herangekommen ist, erklärt er, daß ihm die Augen schmerzen. Myslowski gibt ihm seine eigene Brille. Nawang setzt sie auf, steigt noch einige Meter weiter und bleibt abermals stehen: »Verzeihen Sie, ich kann nicht mehr. Ich gehe nicht weiter ...«

Der entnervte Nawang beginnt zum Lager III abzusteigen. Nachdem Myslowski dessen Sauerstoff, Seile und Haken mit in seinem eigenen Rucksack verstaut hat, folgt er Balyberdin, der schon weit voraus ist. Sie trennen etwa anderthalb Stunden Weg und 120 Meter in der Vertikalen. Doch ab und zu können sie einander sehen und sogar miteinander sprechen. Mit den schweren ungefügen Rucksäcken kommen sie nur langsam voran. Zu langsam.

An einem steilen Abschnitt pendelt Balyberdin plötzlich in der Luft. Er befindet sich über einem nach außen gewölbten Teil der Wand, findet kaum Halt für die Füße. Er hängt an der Steigklemme über dem Abgrund. Die Selbstsicherung hält zuverlässig, und er ist Herr der Situation. Zwar ist der Rucksack gut konstruiert, aber eben zu schwer. Er bricht ihm fast das Rückgrat und renkt ihm beinahe das Schultergelenk aus. Mit Mühe befreit sich Balyberdin aus der schwierigen Lage und klettert weiter.

Bald befinden sie sich erneut in einer Zone, wo sie einander sehen können. »In spätestens zwei Stunden wird es dunkel! Mit dieser Last auf dem Rücken erreichen wir bis Einbruch der Dunkelheit das Lager nicht!« ruft Balyberdin Myslowski zu. »Lassen wir jeder zehn Kilo zurück und holen sie morgen!«

Myslowski nickt zustimmend, ohne die Maske abzunehmen, und macht kurz halt. Nachdem sie die Rucksäcke erleichtert haben, kommen sie schneller voran. Doch der Abstand zwischen ihnen wird weiterhin immer größer.

Dichter Schneefall setzt ein. Die Felsen werden glatt wie Eis. Selbst mit der verringerten Last wird es immer schwieriger. Um acht Uhr abends hat Balyberdin noch keine Funkverbindung aufgenommen. Im Lager unten ist man sich im klaren, daß die beiden zu langsam vorankommen und 8250 Meter Höhe erst in der Dunkelheit erreichen werden.

Balyberdin ist schon fast am Lager angelangt, als er neben sich plötzlich die Stimme seines Gefährten vernimmt. Wie ist Myslowski bloß hierher gekommen? Der Abstand zwischen ihnen hatte sich doch ständig vergrößert. Nun, Myslowski hat, um noch rechtzeitig das Ziel zu erreichen,

106/107
Fester Fels vom Schwierigkeitsgrad 3 bis 4 bildet den ersten Teil des Pfeilers Lager II in 7350 m Höhe. Die Aufstellfläche für das zweite Zelt mußte durch ein mit Steinen gefülltes Netz vergrößert werden

den immer noch viel zu schweren Rucksack an einem Felshaken zurückgelassen. ›Ein tüchtiger Bursche‹, überlegt Balyberdin, ›es ist schon besser, wir ruhen erst einmal im Zelt aus und holen morgen die Lasten mit frischen Kräften, statt die ganze Nacht an diesen irrsinnigen Wänden herumzuklettern.‹

Bei tiefer Dunkelheit und völlig erschöpft kriechen sie schließlich in das Zelt von Lager IV. Sie liegen wie tot da, erst nach und nach kommen sie wieder zu sich. Mit großer Verspätung nehmen sie Funkverbindung auf, beruhigen damit alle, die im Basislager und auf der Route auf Nachricht von ihnen gewartet haben. Appetit haben die beiden so gut wie keinen, dafür aber großen Durst. Sie lösen Fruchtsaftkonzentrat auf und kochen dann Tee. Myslowski trinkt mit Behagen seine in Wasser gelöste Trokkenmilch.

Infolge der Erschöpfung und der Finsternis im Zelt sind ihre Bewegungen etwas tapsig. Sie stoßen Töpfe und Becher um und müssen abermals Schnee holen und Wasser kochen. Schlafen legen sie sich erst spät. Balyberdin, der den ganzen Weg ohne Sauerstoff zurückgelegt hat, will sich über Nacht zum erstenmal an die Flasche anschließen und stellt das Gerät auf die Mindestmenge von einem Liter pro Minute ein.

Bei der Vorbereitung der Expedition war das Sauerstoffproblem mehr als einmal diskutiert worden. Im Himalaja entschied dann jeder Bergsteiger selbständig, je nach Akklimatisierungsgrad und Gesamtbefinden, ob er das Gerät benutzte oder nicht. Berschow, Turkewitsch, Chomutow und Putschkow nahmen vom Lager III (7 800 m) an die Maske weder bei Tage, während der schweren Arbeit auf der Route, noch bei Nacht, während des Schlafes, ab. Die übrigen schalteten das Sauerstoffgerät ab 8 250 Meter Höhe ein. Chrischtschaty und Balyberdin aber hatten sich vorgenommen, den Everest ohne Sauerstoff zu bezwingen, weil das als besonders hohe sportliche Leistung gilt. Balyberdin inhalierte schließlich aber doch, wie wir eben erfahren haben, ab 8 250 Meter während des Schlafs die Mindestmenge. Würde Chrischtschaty sein Vorhaben verwirklichen können?

Was der Sauerstoff für die Bergsteiger in großen Höhen bedeutet, davon vermitteln die folgenden Sätze Turkewitschs eine Vorstellung, die er auf dem Weg zum Gipfel im Lager IV in sein Tagebuch geschrieben hat: »Zum Feierabend hin verzichteten wir, um zu sparen, für den

Rest des Tages auf den Sauerstoff. Doch bald wurden wir alle nervös, fuhren einander an, mit Grund, häufiger aber auch ohne. Eine Methode, Konfliktsituationen zu vermeiden, war jedoch rasch gefunden: Wir zwangen den ›Radaubruder‹, Sauerstoff einzuatmen. In diesen Fällen geizten wir nicht damit, sondern setzten auf die Vernunft des Betreffenden. Die Wirksamkeit dieser Methode habe ich an mir selbst erfahren. Kaum hatte ich ein paar Züge Sauerstoff genommen, da sah ich meine Kameraden schon wieder mit ganz anderen Augen ...«

1. Mai

Im Basislager ist Feiertag. Auf den »Straßen« und »Plätzen« der Zeltstadt findet eine richtige Demonstration mit roten Fahnen statt – mit Markierungswimpeln, wie sie zur Kennzeichnung der Route durch den Eisbruch und das Tal des Schweigens verwendet worden sind. Der festlich-frohe Marsch schließt mit einem Festmeeting bei den Flaggenmasten. Küchenchef Woskoboinikow verabreicht ein erlesenes Frühstück und verspricht zum Mittag und Abend ganz besondere Leckerbissen. Alle sind in gehobener Stimmung. (Am Abend wird diese allerdings wegen der mit dem »Spitzenduo« verbundenen Ereignisse getrübt.)

Am Morgen beschließen Myslowski und Balyberdin nach kurzer Beratung, wie folgt vorzugehen: Myslowski soll den gestern unterhalb des Lagers zurückgelassenen Rucksack holen, während Balyberdin die Route oberhalb von Lager IV versichern will, damit der Tagesplan auch eingehalten werden kann. Und so handeln sie dann auch.

Bis zum Abend fixiert Balyberdin die Seile allein, mit Selbstsicherung. Scharfe und lange Schneegrate wechseln mit senkrechten Felswänden ab.

»Wenn sich diese Felsen in Höhe der Kaukasusgipfel erhöben«, erinnert sich Balyberdin, »wären sie für einen Felskletterer gar nicht schwierig. Aus horizontalen Schichten schwarzen Schiefers bestehend und mit vielen Spalten versehen, sind sie, mögen sie noch so steil sein, zum Klettern gut geeignet. Doch hier kann man nicht in einem leichten Sweater und auch nicht in Galoschen (dem bevorzugten Schuhwerk sowjetischer Felskletterer) aufsteigen. Hier hat man schwere zwiegenähte und gut gefütterte Stiefel von je zwei Kilo Gewicht an den Beinen und dicke Wollhandschuhe an den Händen.«

Die Schneegrate sind technisch leichter zu überwin-

110/111
Lager III (7 800 m). In seinen beiden Zelten können acht Mann unterkommen

Für die Sherpa-Träger wird die Route am Pfeiler zu schwierig; nur zwei von ihnen schaffen es bis kurz vor Lager III

Der Aufstieg fällt immer schwerer

den, doch es besteht die Gefahr, zusammen mit einem plötzlich abbrechenden Schneebrett abzustürzen. Zudem läßt sich eine Sicherung nur schwer bewerkstelligen. Balyberdin muß riesige Pfeiler von zwei Metern Durchmesser aus dem Firn heraushacken und das Seil darumschlingen. Glücklicherweise kommt es zu keinem Sturz.

An diesem Tag fixiert er fünf Seile und legt dabei etwa die Hälfte der Strecke bis 8500 Meter Höhe zurück. Um acht Uhr abends, schon bei völliger Dunkelheit, kehrt Balyberdin ins Lager IV zurück und findet dort Myslowski völlig niedergeschlagen, mißmutig und – ohne Rucksack vor. »Die Mitteilung, daß mir alles aus den Händen geglitten und in die Tiefe gestürzt war«, schrieb Myslowski später in seinem Tagebuch, »nahm Balyberdin schweigend auf, er hatte nicht mehr die Kraft, sich darüber aufzuregen.«

Myslowski hatte den am Vortag zurückgelassenen Rucksack, den Sauerstoff und einiges von dem, was der abgestiegene Nawang nicht mehr hatte mitschleppen können, aufgenommen und war mit der unwahrscheinlich schweren Last gut vorangekommen. Bis zum Lager IV blieb nur noch ein kleines Stück. Alles geschah völlig unerwartet, im Handumdrehen: Seine Füße verloren den Halt, er rutschte auf einem Felsvorsprung ab und schaukelte plötzlich wie ein Pendel in der Luft. Die Selbstsicherung war zu lang, und der überschwere Rucksack zog ihn nach hinten. Myslowski hing horizontal am Seil, mit dem Rücken nach unten. Der eine Fuß steckte in der Schlinge. Der Versuch, ihn herauszuziehen und sich senkrecht zu stellen, mißlang. Der Rucksack drückte ihm mit dem Hüftgurt die Luft ab. Myslowski probierte, ihn am Seil zu befestigen, hatte jedoch keinen Erfolg. Die Kräfte verließen ihn, plötzlich spürte er, daß ihm das Atmen immer schwerer wurde.

»Da begriff ich: Der Sauerstoff ist ausgegangen«, erzählte Myslowski später. »Noch eine Weile, und ich verliere das Bewußtsein. Und dann ist alles vorbei. Ich bleibe an diesem Seil hängen, bis ich erfriere. Wie jener indische Bergsteiger aus der internationalen Expedition von 1971. Der war auch abgestürzt und hing zwischen Himmel und Erde. Und keiner seiner Kameraden konnte ihm helfen.«

Myslowski zog die Handschuhe aus und versuchte, die Reserveflasche anzuschließen – vergeblich. Er wollte sich die jetzt überflüssig gewordene Maske vom Gesicht reißen, doch der Helm hinderte ihn daran. Er öffnete den Hüftgurt, ließ den Rucksack auf den Unterarm gleiten, konnte ihn aber nicht halten, der Rucksack stürzte in den Abgrund und zusammen mit ihm Reservehandschuhe, Seile, Haken, Steigeisen, Sauerstoff, auch die Wimpel, die ihnen der Expeditionsleiter vor dem Aufstieg zum Gipfelsturm feierlich ausgehändigt hatte.

Nachdem Myslowski sich die Maske vom Gesicht gerissen hatte, bekam er nur noch mit Mühe Luft. Den erbitterten Kampf mit dem Rucksack hatte er verloren. Dennoch gelang es ihm, sich aus der kritischen Lage zu befreien. Er krallte sich mit bloßen Händen in kaum sichtbare Risse und schob sich langsam nach oben. Als er abends im Zelt lag, spürte er, daß er sich leichte Erfrierungen an den Händen zugezogen hatte. So trübe endete für das Spitzenduo dieser Feiertag.

Sie meldeten die unerfreuliche Geschichte mit dem Rucksack ins Basislager und zählten abermals die ihnen verbliebenen Reserven an Ausrüstung und Sauerstoff. Für morgen würde es noch reichen. Dann blieb nichts weiter übrig, als auf das Eintreffen der Gruppe Iwanow zu warten, die an diesem Tag das Lager III erreichen würde. An Myslowskis Händen hatten sich weiße Blasen gebildet. Einige platzten auf, mit Balyberdins Hilfe klebte er Pflaster darüber.

2. Mai

Das Basislager gibt Walijew und Chrischtschaty das Geleit, als diese zum Gipfelsturm aufbrechen. Am nächsten Tag werden Iljinski und Tscheptschew folgen. Das Ritual des Aufbruchs liegt zu jener Zeit bereits endgültig fest: Am Vorabend nimmt der Küchenchef die Bestellungen für das Frühstück entgegen. Gipfelstürmern ist alles erlaubt, alle ihre gastronomisch realisierbaren Wünsche werden widerspruchslos erfüllt. Während sie frühstücken, füllt man ihre Feldflaschen mit heißem Tee, dem Saftkonzentrate zugesetzt werden.

In ein Räucheröfchen aus Steinen schütten die Sherpas Wacholder, dessen Duft zieht durch das ganze Lager. Die Hochträger haben sich diese Art Ofen sofort nach der Wahl des Standortes für die Zeltstadt erbaut und um ihn herum verschiedenfarbene Fähnchen aufgepflanzt, auf denen Gebete geschrieben sind. Der Wind läßt die Fähnchen flattern, und die Gebete steigen so, da bestehen für die Sherpas keine Zweifel, ständig direkt zu den Göttern empor.

Alle Bewohner des Basislagers versammeln sich, um den Gipfelstürmern das Geleit zu geben. Auch zwei zottige Hunde sind stets dabei. Wann und wie die hierher gekommen sind, daran kann sich niemand erinnern. Auf jeden Fall benehmen sie sich manierlich – niemals versuchen sie, in die Küche oder die Zelte einzudringen –, und höflich sind sie auch: Keinen »ihrer« Leute bellen sie an.

Kurz nach sechs Uhr verlassen Walijew und Chrischtschaty das Lager. Noch lange sind sie als kleine bunte Punkte sichtbar, die sich zwischen den bläulichweißen Brocken des Eisbruchs vorwärts bewegen. Bis zum Gipfel haben sie es allerdings noch weit, Balyberdin und Myslowski sind ihm schon viel näher.

Balyberdin hat aus dem Zeltsack einen Tragbeutel für Myslowski hergestellt. Er überläßt diesem seinen eigenen Sauerstoff und seine Maske. Jeder nimmt drei Seile, und so ziehen sie los, um die Route oberhalb von Lager IV zu versichern. Ohne besondere Mühe spannen sie zwei Seile, kommen dann aber an einen äußerst schwierigen Abschnitt. Es fängt an zu schneien, das Gehen wird zur Qual.

Balyberdin arbeitet sich unter einem überhängenden Felsstück voran; bis zu dessen oberem Rand ist's nicht mehr weit, da fliegt ein Haken heraus. Ein paar Meter rutscht Balyberdin nach unten, kann sich aber halten. Als er sich von dem Schreck erholt hat, klettert er wieder nach oben. Schließlich ist die Wand bewältigt.

In diesem Moment hören sie, völlig unerwartet, eine Stimme und erblicken Berschow. Wäre auf dem Grat auf einmal ein »Schneemensch« aufgetaucht, sie hätten sich vermutlich weniger gewundert. Die Gruppe Iwanow hat den geplanten Aufstieg zum Lager IV geschafft. Während sich die Jungs im Zelt ausruhen, hat Berschow seine Last bis zu der Stelle geschleppt, wo sich das Spitzenduo befindet. Außer Sauerstoff bringt er eine Reservemaske mit. Doch Balyberdin will den Gipfel noch immer ohne Sauerstoff bezwingen.

Berschow steigt bald wieder ab. Er muß sich beeilen, um im Lager III übernachten zu können. Balyberdin und Myslowski aber präparieren die Route weiter. Sie fixieren noch zwei Seile und steigen ein mit einer dünnen Schnee- und Eisschicht bedecktes steiles, enges Couloir hinauf. Es beginnen brüchige, buchstäblich morsche Felsen. Balyberdin, der an diesem Tag den Helm nicht aufgesetzt hat, fällt ein Stein auf den Kopf. Minutenlang hält er wie betäubt von dem Schmerz inne, ehe er wieder zu sich kommt.

Noch zwei weitere Seillängen legen sie zurück und gelangen dann auf eine verhältnismäßig ebene Fläche im obersten Teil des Pfeilers. Von hier sind es bis zum Westgrat des Everest nicht mehr als zweihundert Meter. Höhe 8500 Meter. Hier kann man das Lager V aufschlagen. Myslowski und Balyberdin lassen die Ausrüstung zurück und steigen zum Übernachten ins Lager IV ab, erreichen es ziemlich spät und können sich erst zu vorgerückter Stunde in 8250 Meter Höhe schlafen legen.

3. Mai

Am Morgen treffen sie lange Vorbereitungen. Es ist schwierig, das gesamte Gepäck in dem einzigen Rucksack zu verstauen, in Myslowskis provisorischen Beutel geht ja nicht viel hinein. Balyberdin muß sich die Filmkamera um den Hals hängen. Erst gegen ein Uhr brechen sie auf. Ungefähr zur gleichen Zeit beginnt die Gruppe Iwanow nach Absprache mit der Basis in das verlassene Lager IV aufzusteigen.

Gegen sechs Uhr abends hat das Spitzenduo das Ende der Seile erreicht, die es am Vortag fixiert hat. Während Balyberdin Verbindung mit dem Basislager aufnimmt, schaut sich Myslowski um, ob er nicht noch einen geeigneteren Platz finde, entdeckt jedoch nichts Besseres. Unten ist das Lager IV zu sehen. Sie bitten die Gruppe Iwanow, den Standort des Zeltes per Funk zu korrigieren.

Nach etwa anderthalb Stunden angestrengter Arbeit ist eine recht ordentliche Standfläche vorbereitet. Als sie das Zelt aufgestellt haben, ist es schon ganz dunkel. Wenn es wieder hell wird, bricht für Myslowski und Balyberdin der vielleicht schwerste und verantwortungsvollste Tag in ihrem Leben an.

Sie wissen nicht, ob ihre Kräfte reichen werden, den Everest zu bezwingen. Doch die Frage, auf zum Gipfel oder nicht, gibt es für sie nicht. Selbstverständlich werden sie gehen. Es sind bis zur Spitze noch ganze 348 Meter in der Vertikalen, alles in allem ein paar Stunden. Nur ein paar Stunden in ihrem langen Bergsteigerleben, das für beide zusammen vier Jahrzehnte umfaßt.

Eduard Myslowski

Rund drei Jahrzehnte davon kommen auf das Konto von Eduard Myslowski. Weil seine Bewegungen so gemessen und leicht sind bei Aufstiegen, nennen die Freunde ihn

»Bär«. Ja auch im gewöhnlichen Leben macht er einen etwas langsamen Eindruck, obwohl er allerhand erreicht hat. Er hat zwei Hochschulen absolviert, eine Doktordissertation verteidigt, arbeitet als Dozent an einem Moskauer Institut. Nebenbei hat er in mehreren Filmen als Kaskadeur mitgewirkt.

Seine sportliche Biographie ist ebenfalls reich an Ereignissen und Erfolgen. Er ist Träger des Ehrentitels »Schneeleopard«. Elfmal hat er Siebentausender der Sowjetunion bestiegen, ist mehrfacher Landesmeister in der Klasse der Höhenaufstiege. Mit einem Wort, Myslowski ist einer der erfahrensten sowjetischen Bergsteiger. Doch er ist der älteste von allen, die zum Angriff auf den Everest angetreten sind. Er zählt bereits 44 Jahre und hat den »Zenit« seiner Form schon überschritten. Aber das gleicht er durch Erfahrung und bewundernswerte Energie aus.

Nicht zufällig hat Balyberdin auf die Frage, welche Charaktereigenschaften er an seinem Gefährten am meisten schätze, geantwortet: »Seine erstaunliche Willensstärke. Nach dieser Geschichte mit dem Rucksack mußte er alle moralischen und körperlichen Kräfte konzentrieren, um den Weg zum Gipfel fortsetzen zu können.«

Myslowski wiederum antwortete auf die analoge Frage: »Eine der besten Eigenschaften Balyberdins ist sein Mut. Ein besonnener Mut. Er legt selbst die schwierigsten Abschnitte außerordentlich schnell, aber vorsichtig zugleich zurück. Jede Bewegung ist bedacht, der Risikofaktor auf ein Minimum reduziert – die wertvollste Eigenschaft, die ein Alpinist besitzen kann.«

Wladimir Balyberdin

Der 33jährige Wladimir Balyberdin ist mit zwanzig Jahren zum Bergsport gekommen. Nach heutigen Maßstäben hat er also in »vorgerücktem Alter« mit ernsthafter sportlicher Betätigung begonnen. Er hat damals an einem Leningrader Institut studiert. Was ihn bewog, sich ausgerechnet dem Alpinismus zuzuwenden? »In anderen Sektionen hatte man mich einfach nicht genommen, ich ›entsprach‹ einer Reihe von Parametern nicht. Erst die Alpinisten nahmen mich«, erklärt Balyberdin sehr prosaisch.

Er ist überhaupt wortkarg. »Es fällt ihm leichter, einen Berg hinaufzurennen, als von sich zu erzählen«, meinen seine Kameraden scherzhaft von ihm. Der erste Gipfel Balyberdins mit dem schwer auszusprechenden Namen

Mal-Tschetsch-Kort im Kaukasus war kaum mehr als 3000 Meter hoch. Dann folgten höhere Berge und schwierigere Routen.

1980 setzte ihn die Leningrader Alpinistenföderation auf die Kandidatenliste für die Himalaja-Mannschaft. Er durchlief erfolgreich alle Stationen der sorgfältigen Auslese. Und jetzt nun trennen ihn vom höchsten Gipfel des Planeten nur noch eine einzige Nacht und ganze 348 Meter in der Vertikalen.

Die letzte Nacht im Lager V. Das vom Sturm gezauste Zelt in den Farben Orange, Rot und Blau sieht von der Seite her wie ein kleiner bunter Käfer aus, den es wer weiß wie und warum in dieses tote Reich von Schnee und Eis verschlagen hat. Im Zelt zwei erschöpfte Männer. Sie brauchen lange, um den Primuskocher anzuzünden. Und als er schließlich brennt, dauert es endlos lange, bis das Wasser kocht. Ihren Durst können sie damit aber sowieso nicht völlig stillen.

Ihre Bewegungen sind langsam, aber ungenau. Plötzlich ertönt ein metallischer Klang. Myslowski ist versehentlich an die Sauerstoffflasche gestoßen, die am Zelteingang gelegen hat, und schon fliegt sie klappernd die Südwand des Everest hinab. Balyberdin sieht erschrocken nach, ob nicht etwa auch noch einer seiner Stiefel, die neben der Flasche gelegen haben, mit in die Tiefe gestürzt ist. Zum Glück stehen sie noch da. Alle Handgriffe verrichten die beiden langsam und schweigend. Für eine Unterhaltung haben sie keine Kraft.

Es ist schneidend kalt. Das Zelt hat sich in einen Eisschrank verwandelt. Wenn sich einer unvorsichtig bewegt, fällt der Reif von der Wand. Weder die seidenen Zeltwände noch die Schlafsäcke noch die warme Kleidung schützen vor der durch Mark und Bein dringenden Kälte. Der Minimalverbrauch an Sauerstoff läßt die Männer weder warm werden noch einschlummern. Die Nacht verbringen sie im Halbschlaf.

4. Mai

Dieser Tag sollte der schwerste und ereignisreichste in der verhältnismäßig kurzen Geschichte der ersten sowjetischen Everest-Expedition werden. Er umspannt eine Fülle von Geschehnissen auf dem Gipfel des Berges und an seinem Fuß – tragische und freudige. Doch um alle genau nachzuvollziehen, müssen wir diesen längsten Tag in Stunden, ja in Minuten einteilen ...

2.00 Uhr. Aus Angst, es zu verschlafen, fährt Balyberdin hoch und beginnt Myslowski wachzurütteln. Sie haben am Abend vereinbart, möglichst früh aufzustehen und sich fertigzumachen. Wieviel Stunden sie bis zum Gipfel brauchen, wissen sie nicht. Sie wollen mit den ersten Sonnenstrahlen aus dem Lager V aufbrechen, um möglichst den ganzen Tag vor sich zu haben. Doch Myslowski denkt weder um zwei noch um drei Uhr daran, sich zu erheben. Erst kurz nach vier steht er auf.

»Wie fühlst du dich?« fragt Balyberdin.

»Nicht sehr gut, aber es wird schon gehen«, antwortet Myslowski. Balyberdin repariert die Düse des Primuskochers, der zur unpassendsten Zeit zu streiken beginnt, setzt etwas Schnee auf und kocht Tee. Dann macht er sich lange an seinen steifgefrorenen Schuhen zu schaffen. (Als er sie vorm Schlafengehen auszog, vergaß er, sie in den Schlafsack zu stecken.) Nun muß er die schweren Stiefel über dem Primuskocher erwärmen. Endlich ist alles bereit für den Aufstieg.

6.15 Uhr. Durch ein Zwanzigmeterseil miteinander verbunden, verlassen sie Lager V. Balyberdin, nach wie vor ohne Sauerstoff, geht voran – mit Filmkamera, Fotoapparat, Funkgerät und »Schlosserei«. Dahinter Myslowski mit zwei Flaschen im Tragsack. Den Sauerstoffverbrauch hat er auf das Minimum eingestellt: ein Liter pro Minute. Starker Nordwestwind. Temperatur ca. minus 40 °C.

Sie legen die letzten zweihundert Meter auf dem Pfeiler zurück und erreichen den Hauptgrat, den Westgrat des Everest. Dort bläst der eisige Wind noch stärker, Hände und Füße beginnen zu erstarren. Sie verzichten darauf, den Weg auf dem Grat zu markieren, überzeugt davon, daß sie noch bei Tageslicht zurückkehren und vom Grat aus das Zelt des Lagers V sehen würden. Die Sonne geht auf, doch ihre Strahlen erreichen die Bergsteiger nicht, die sich bereits im Schatten des Gipfels befinden.

6.30 Uhr. Moskalzow und Golodow brechen aus dem Basislager auf und erreichen bald die Stelle, wo alle gewöhnlich Eispickel und Steigeisen zurücklassen, um sie nicht bis ins Lager hinunter mitschleppen zu müssen. In der Regel legt man die Steigeisen erst hier, bei einem großen Stein, an. Moskalzow und Golodow beschließen, heute bis zum ersten Seil im Eisbruch ohne sie zu gehen. Bereits nach einer halben Stunde beginnen die beiden mit dem Aufstieg.

Sie haben kaum die ersten Meter zurückgelegt, als sie

ein dumpfes Grollen vernehmen. Gewaltige Eisbrocken stürzen, Hunderte von Tonnen Schnee mit sich reißend, vom Lho-La-Sattel in die Tiefe. Die Lawine rollt genau bis zu der Stelle, wo sie die Steigeisen hätten anlegen müssen. Eine Zeitlang versinkt für sie das Basislager in Schwaden von Schneestaub. Als sie etwa hundert Meter höher gestiegen sind, dröhnt erneut das Donnern einer Eislawine.

Das mutet wie zwei schlimme Warnungen vor den Gefahren an, die in den Bergen ewig auf den Menschen lauern. Unten sind alle tief beunruhigt. Doch als sich die Schneewolken verzogen haben, sind im Eisbruch zwei sich vorwärts bewegende kleine Punkte deutlich zu erkennen: Moskalzow und Golodow sind dabei, den heimtückischen Eisfall rasch und unversehrt zu überwinden.

8.00 Uhr. Iwanow nimmt vom Lager IV aus Verbindung mit der Basis auf und informiert über das Vorankommen Balyberdins und Myslowskis. (Oben war es eisig kalt, und das Funkgerät arbeitete nicht mehr normal. Die Verhandlungen der Gipfelseilschaft mit dem Basislager gingen daher über eine Zwischenstation.) Kurz danach setzt die Gruppe Iwanow zum Aufstieg ins Lager V in 8500 Meter Höhe an.

8.15 Uhr. Myslowski und Balyberdin kämpfen sich über einen Gürtel rötlichbrauner Felsen vorwärts. Sie kommen ziemlich langsam voran, haben die Schwierigkeiten der Route offenbar unterschätzt. Ihre Schuld ist das, nebenbei bemerkt, nicht. Schon vor der Ankunft im Himalaja hatten die Leiter der Expedition in Erfahrung gebracht, welche Schwierigkeiten der letzte Abschnitt des Weges auf dem Westgrat bietet. Aus der Schilderung von Jugoslawen, die ihn bereits 1979 bewältigt hatten, ging hervor, daß man einen großen Teil des Weges wie in einer Art Spaziergang zurücklegen könne, lediglich an zwei Stellen sei die Bewältigung der Schlußstrecke durch Felsen von drittem und fünftem Schwierigkeitsgrad erschwert.

In Wirklichkeit ist alles weit komplizierter. Von einem Spaziergang kann überhaupt keine Rede sein. Sie müssen durchweg klettern, bei dieser fast kosmischen Höhe und Kälte oft kein Zuckerlecken. Beim Traversieren eines der schwierigsten Abschnitte hat Balyberdin für einige Minuten seine Handschuhe ausgezogen, und dafür muß er dann seine abgestorbenen Finger über eine Viertelstunde lang warmreiben, bis er Schmerz verspürt – das Zeichen, daß sie wieder durchblutet werden.

Langsam, zu langsam kommen die beiden voran. Sie beschließen, Myslowskis Sauerstoffdosis zu verdoppeln, obwohl sie sehr gut begreifen, daß der Vorrat nun für den Rückweg möglicherweise nicht mehr reicht. Sie versuchen, das Tempo zu beschleunigen, wobei das Wort Tempo in diesem Fall nur sehr relativ aufzufassen ist. Sie machen häufig halt, um Atem zu holen und Kraft zu sammeln, die mit jedem Schritt abnimmt. Und wieder geht es weiter, um diese 348 Meter zu überwinden, die kein Ende nehmen.

8.30 Uhr. »Beim Überqueren einer Spalte«, meldet Golodow aus dem Khumbu-Eisbruch ins Basislager, »hat Moskalzow das Gleichgewicht verloren und ist abgestürzt. Nasenwurzel stark geprellt, das Bein verletzt. Er ist bei Bewußtsein, fühlt sich gut ... Wenn der Arzt zu uns kommt und noch jemand, werden wir ihn nach unten schicken.«

Alexej Moskalzow

aus Charkow stammt aus einer Bergsteigerfamilie. Er ist mit dreißig Jahren einer der Jüngsten in der Expedition. Sein Vater, ein bekannter Alpinist, hat ihn schon früh mit in die Berge genommen und in die Geheimnisse des Felskletterns eingeweiht. Seine Bemühungen waren nicht umsonst. Mit zwanzig Jahren wurde Alexej Meister des Sports im Felsklettern, in diesem Alter ein einmaliger Fall. Später war er mehrmals Landesmeister und Preisträger in dieser Sportart.

Dem Hochalpinismus wandte er sich unlängst zu, erst zwei Jahre vor der Abreise in den Himalaja bestieg er seinen ersten Siebentausender. Es folgten zwei weitere, wobei er das eine Mal die Expedition leitete.

Moskalzow arbeitet im Charkower Institut für Probleme des Maschinenbaus. Er ist ledig. Vor der Abreise nach Nepal sagte er im Scherz zu seinen Freunden (aber vielleicht war es auch Ernst): »Zunächst muß ich auf den Everest klettern, erst dann werde ich mir eine Familie anschaffen!«

Unten nimmt kaum jemand Golodows Optimismus ernst. »Wenn Moskalzow gehfähig wäre, dann könnten sie auch zu zweit herunterkommen. Zu auffällig verlangt er nach dem Doktor und einer Begleitmannschaft«, meint Orlowski zu Tamm. Sie entscheiden, daß außer dem Arzt noch Troschtschinenko, Chomutow und Putschkow in den Eisbruch einsteigen.

10.00 Uhr. Die Rettungsmannschaft hat Moskalzow erreicht. Er liegt bei vollem Bewußtsein auf ausgebreiteten Kleidungsstücken. Seine linke Gesichtshälfte ist geschwollen und blau angelaufen, das Auge fast zu. Starkes Nasenbluten. Zahlreiche Prellungen an Kopf und Körper. Am linken Unterschenkel eine tiefe Wunde, die ihm beim Sturz vermutlich eine Zacke des Steigeisens beigebracht hat. Wie das alles geschehen ist, daran kann er sich nicht erinnern.

Folgendermaßen ist es passiert: Als Moskalzow auf einer Aluminiumleiter eine der zahllosen Spalten überquerte, war er gestolpert, hatte das Gleichgewicht verloren und sich im Fallen an die Seilgeländer geklammert. Der Haken, an dem sie befestigt waren, hielt dem scharfen Ruck nicht stand und sprang aus dem Eis. Moskalzow überschlug sich und fiel, mit den Füßen nach unten, etwa fünfzehn Meter (dies entspricht der Höhe eines vierstökkigen Hauses) in die Tiefe.

Ein Wunder rettete ihm das Leben. Durch den scharfen Ruck wurde er herumgedreht, und er flog nun mit den Füßen nach unten in die Spalte. Im Fallen streifte er mehrmals deren Wand. Unten war das Eis zum Glück mit einer dicken Schneeschicht bedeckt. Moskalzow verlor das Bewußtsein. Erst nach einigen Minuten kam er wieder zu sich und antwortete Golodow: »Ich lebe!« Er band sich unter Anspannung aller Kraft an das herabgelassene Seil, und der Gefährte zog ihn nach oben.

»Nach und nach kam mir das Schreckliche zu Bewußtsein, das sich da ereignet hatte«, erinnert sich Moskalzow an diesen Augenblick. »Alles vorbei! Wovon ich geträumt, worum ich gerungen hatte und dem ich schon ganz nahe war, das war auf einmal in unerreichbare Ferne gerückt. Niemals, nie im Leben würde ich wieder Gelegenheit erhalten, den Everest zu bezwingen ... Das Schicksal hatte mir diese einmalige Chance geboten und sie mir hier entrissen. Verzweiflung und Bitterkeit ergriffen mich, die Kehle schnürte sich mir zusammen. Golodow tröstete mich, kühlte mit Schnee. Ich hätte letzten Endes noch Glück gehabt, meinte er, es hätte auch schlimmer kommen können. Doch ich konnte das nicht verstehen. Konnte es noch etwas Schlimmeres geben?«

Während der Arzt Moskalzow untersucht, liegt dieser im Schnee und – weint. Nicht vor Schmerz (den spürte er erst später) und nicht vor Glück, daß er wie durch ein Wunder am Leben geblieben ist (das begriff er auch erst später). Nein, er weint darüber, daß für ihn der Gipfel wegen der verhängnisvollen Spalte im Eisbruch, die er mehr als einmal glücklich überquert hat, in unerreichbare Ferne gerückt ist.

Orlowskis Diagnose: »Schädelhirntrauma, Gehirnerschütterung, zahlreiche Prellungen am Körper. Schädelbruch ist nicht auszuschließen. Selbständige Fortbewegung streng untersagt. Er muß auf einem Tragesitz über den Eisbruch und dann mit einer Trage ins Basislager transportiert werden.« Der Doktor gibt seine Diagnose per Funk durch. Von unten zieht ihnen eine Gruppe von Expeditionsmitgliedern und Sherpas entgegen.

12.00 Uhr. Balyberdin und Myslowski setzen ihren langsamen Aufstieg fort. Balyberdin wählt sorgfältig die Route (»allzu sorgfältig«, wie er später meinte) und wägt die verschiedenen Varianten ab. (»Eigentlich hätte man nur immer weiter und weiter gehen müssen, da fast alle Varianten gleich schwierig waren und die Route insgesamt logisch und eindeutig war.«)

Myslowskis erste Sauerstoffflasche ist leer. Sie wissen nicht, wie lange sie noch bis zum Gipfel brauchen, und stellen daher die letzte Flasche wiederum auf Minimalverbrauch ein – ein Liter pro Minute. Myslowskis Bewegungen werden erneut langsamer, doch er bremst Balyberdin nicht, der jetzt ebenfalls sehr langsam geht.

Zur Linken wird der Nordgrat sichtbar. Allmählich, ganz allmählich rückt er ihnen näher. Im Süden öffnet sich ihnen der Blick auf das imposante Panorama des Zentralhimalaja mit dem Lhotse und dem Makalu. Im Norden türmen sich die Gipfel, die in das braune Hochland von Tibet übergehen. Und über all dem, kontrastierend mit dem Hintergrund der blendendweißen Gipfel, leuchtet ein tiefblauer Himmel. Von unten treiben Wolken herauf, die sich in den Tälern ballen und die Gebirgsketten in Nebelschwaden hüllen.

Jetzt beginnen die von feinem Schnee bedeckten grauen, schrägen Platten, die an riesige Dachziegel oder mehr noch an eine gigantische Treppe erinnern. Haben sie die eine dieser Felsstufen erklommen, wartet schon die nächste auf sie. Und vom Gipfel ist noch immer nichts zu sehen. Die »Treppe« führt zum nächsten schwierigen Hindernis – einer zwanzig Meter hohen Wand.

»Was meinst du, ist es noch weit?« fragt Balyberdin. »Nach der Wand wird es einfacher«, antwortet Myslowski, der die Route theoretisch genau kennt. »Die

›Schlosserei‹ können wir hier zurücklassen.« Balyberdin legt Steigeisen, Haken, Karabiner und Hammer in den Schnee, nur Funkgerät, Filmkamera und Fotoapparat nimmt er mit. Als sie die Wand überwunden haben, erblicken sie einen verhältnismäßig flachen, verschneiten Hang, der sich nach oben schwingt und aus dem hier und dort brüchige graue Felsen emporragen. Immer häufiger treffen sie nun auf Spuren vorangegangener Expeditionen: Da liegt eine leere gelbe Sauerstoffflasche im Schnee, dort der Rest eines Funkgeräts oder ein weggeworfener Eispickel.

14.15 Uhr. »Wir steigen und steigen aufwärts. Jede Schneestufe, die vor uns aufragt, halten wir für den Gipfel, aber er ist es immer und immer noch nicht ... Wann nimmt das alles ein Ende?« hören sie im Basislager Balyberdins Stimme.

Das monotone Gehen ermüdet nicht weniger als das Klettern über Felsen. Genauer gesagt, die dort notwendige technische Arbeit pflegt gedankliche Abschweifungen nicht aufkommen zu lassen. Hier, auf diesem einfachen Weg, spüren sie nun erst, wie erschöpft sie sind.

Keiner von ihnen hat den Drang, in die Runde zu schauen, das einzigartige Gebirgspanorama zu genießen; keinerlei Emotionen und überflüssige Bewegungen. Vier, fünf Schritte – und sie machen halt. Noch ein paar Schritte – und wieder bleiben sie stehen. »Schließlich begann sich der Hang zu verflachen«, beschreibt Balyberdin später die letzten Meter in seinem Tagebuch. »Die Felsen wurden von einem sanft ansteigenden, nur aus Schnee bestehenden Grat mit steil nach Norden und Süden abfallenden Flanken abgelöst. Der höchste sichtbare Punkt schien nicht mehr weiter wegzurücken, je höher man stieg, wie es bis jetzt gewesen war, sondern er begann ein wenig herabzusinken. Noch ein ganz kleines Stück, und man würde ihn in Augenhöhe haben.«

14.35 Uhr. Balyberdin meldet dem Basislager: »Auf allen Seiten geht es nur nach unten!« Tamm beglückwünscht ihn zum Sieg und fragt, wo der Gefährte sei. »Er kommt gleich«, erwidert Balyberdin. Zehn Minuten später steht auch Myslowski auf dem Gipfel des Everest. Balyberdin hat es noch nicht geschafft, die Filmkamera fertig zu machen, da ist Myslowski, ohne stehenzubleiben, trotz aller Bitten schon vorbeigelaufen und nach ein paar Schritten entkräftet in den Schnee gesunken. Der Gipfelsieg hat ihm das letzte Quentchen Kraft abgefordert.

»Die ersten Empfindungen nach dem Sieg? Unsagbare Müdigkeit!« so meint Balyberdin später. »Aber auch Erleichterung: Ich hatte es bis zum Schluß ohne Sauerstoff geschafft, und nun blieb nur noch der Weg nach unten, wo es sich mit jedem Meter leichter atmet. Und ich dachte noch: ›Was Jetzt auch immer passieren mag mit dem Wetter, mit der Route, mit uns, eines steht fest – Russen sind auf dem Everest gewesen.‹«

»Wir umarmten einander nicht, küßten einander nicht, jubelten nicht vor Freude, dazu fehlte uns einfach die Kraft«, ergänzt Myslowski. »Doch ich empfand tiefe Genugtuung. Nicht weil wir als erste aufgestiegen waren (das war reiner Zufall, ebensogut hätten andere an unserer Stelle stehen können), sondern deshalb, weil die von uns begangene Route den Kameraden nun leichter fallen würde. Nicht physisch, sondern moralisch leichter.«

Der Gipfel des Everest ist eine kleine Schneekuppel, auf der nicht mehr als fünf, sechs Menschen gleichzeitig Platz finden. Ein Ort wie leergefegt. Alles, was Bergsteiger hier zurücklassen, wird entweder in die Tiefe geweht oder von Schnee verschüttet. Das einzige, was daran erinnert, daß hier Menschen gestanden haben, ist ein Stück Aluminiumrohr, das aus dem Schnee herausragt. An ihm flattern Fetzen verblichener Wimpel im Wind.

Im Jahre 1975 hatten chinesische Bergsteiger ein drei Meter hohes Triangulationszeichen, einen drei Meter hohen Tripol aus Aluminiumrohr, auf den Gipfel geschleppt und dort aufgestellt. Die folgenden Gipfelbezwinger befestigten gewöhnlich Wimpel, Flaggen, allerlei Souvenirs daran zum Beweis dafür, daß sie tatsächlich auf dem Everest und nicht nur auf seinen Vorgipfeln gestanden hatten. Allmählich hatte der Schnee das Gestell zugeweht. Nun ragte nur noch ein kleines, etwa fünfzehn Zentimeter langes Stück davon heraus. Demnach ist der Mount Everest in den letzten Jahren noch um ungefähr drei Meter »gewachsen«.

Der nepalesische Verbindungsoffizier, der vom Basislager aus das Erreichen des Gipfels festzustellen hatte, richtete – mit Hilfe des Dolmetschers – über Funk folgende Fragen an unsere Leute: »Wo ist der Lhotse? Welche Farbe hat der Gipfel? Wo steht der Dreifuß? Wie sieht das Panorama ringsum aus?«

Wie es aussieht? Unvergleichlich! Oben nichts als Himmel, unten ein Gewirr spitzer Gipfel, die sich rundum bis zum Horizont hin drängen. Der höchste der benachbarten Achttausender, der Lhotse, sieht von hier oben gar nicht so hoch aus. Dieses erhabene, rauhe und grenzenlose Panorama des Himalaja ist beeindruckend und faszinierend. Es fällt einem schwer, sich von ihm loszureißen, doch es ist ein umfangreiches Pflichtprogramm zu bewältigen.

Balyberdin und Myslowski nehmen Filmkamera und Fotoapparat zur Hand, filmen einander, machen Aufnahmen vom Gipfel selbst und dem daraus herausragenden Rohrstück des Tripols, filmen auch das ganze Panorama, das sich allmählich in Wolken hüllt.

Es ist Zeit abzusteigen.

»Haltet euch nicht zu lange oben auf, steigt so schnell wie möglich ab, steigt ab!« treibt Tamm sie aus dem Basislager zur Eile an. »Denn es wird spät, sehr spät werden. Ich habe Angst, ihr findet den Weg nicht, findet den Weg nicht. Habt ihr verstanden?«

»Alles klar, alles klar ...« erklingen Balyberdins stokkende Worte von oben. »Wir lassen eine Sauerstoffflasche zurück ... Sauerstoffflasche 280 ... 137 ... am Dreibein ... an der Spitze des Dreibeins ...«

15.35. Die beiden beginnen mit dem Abstieg. Als sie einige Meter zurückgelegt haben, hält Myslowski den Gefährten an. »Was sagst du, wenn du nach Hause kommst? Man wird dich doch fragen: Hast du einen Stein mitgebracht?« Balyberdin gefällt dieser Gedanke, und er wirft rasch ein paar Kilo Kalksteine in den Rucksack. Nun aber so rasch wie möglich hinunter. Mit dem Tageslicht ist es bald vorbei.

15.40 Uhr. Die Gruppe Iwanow, die sich im Lager V befindet, nimmt Verbindung mit dem Basislager auf und erfährt, daß die beiden den Gipfel bezwungen haben. Das hebt ihre ohnehin gute Laune noch mehr. (Moskalzows Sturz in die Spalte hatte man nicht nach oben gemeldet.) Auf 8500 Meter Höhe angekommen, verbreitern die Leute die Fläche, auf der das Zelt steht, bereiten nun ihr Mittagessen zu und verzehren mit Appetit die Suppe, zu der sie Zwieback mit Schmalz essen.

Alle fühlen sich prächtig, ein seltener Fall in so großen Höhen, und keiner zweifelt daran, daß das Spitzenduo bald im Lager V eintreffen wird, daß man – »Raum ist in der kleinsten Hütte« – gemeinsam hier die Nacht verbringen und daß am Morgen dann ihre Viererseilschaft zum Sturm antreten werde. Sie ahnen nicht, daß der Everest wieder einmal die schönsten Pläne über den Haufen werfen würde.

16.00 Uhr. Die Rettungsmannschaft vom Eisbruch ist im Basislager eingetroffen. Moskalzow hat den Transport gut überstanden, und es geht ihm den Umständen entsprechend nicht schlecht. Orlowskis Befürchtungen hinsichtlich eines Schädelbruchs haben sich zum Glück nicht bestätigt. Nach Meinung des Arztes besteht keine Lebensgefahr. Dennoch muß man Moskalzow bei der ersten sich bietenden Gelegenheit nach unten abtransportieren.

16.35. Es ist genau eine Stunde verstrichen, seit Balyberdin und Myslowski mit dem Abstieg vom Gipfel begonnen haben. Anfangs kommen sie ungeachtet der sich wiederum einstellenden Müdigkeit zwar langsam, aber stetig voran.Doch bald verdichtet sich die aufsteigende Bewölkung so stark, daß sie buchstäblich in einer »Waschküche« dahintappen. Die Sicht hat sich verschlechtert, dazu schneit es. Die Felsen werden glatt und gefährlich. Und das ohnehin gemächliche Abstiegstempo verlangsamt sich noch mehr.

Bis zum Einbruch der Dunkelheit bleiben noch höchstens zwei Stunden, doch sie haben erst eine verschwindend geringe Strecke zurückgelegt. Ihre Kräfte nehmen von Minute zu Minute ab. Nach einigem Nachdenken beschließen sie, der Expeditionsleitung mitzuteilen, daß sie sich in einer Notsituation befinden und die Hilfe der Kameraden brauchen.

16.45. Aus den Funkgeräten im Basislager und im Lager V, die ständig auf Empfang eingestellt sind, klingt Balyberdins stockende Stimme:

»Ich glaube, wir schaffen es nicht mehr bis 8 500 Meter ... Wenn ihr uns wenigstens entgegenkommen könntet ... mit Sauerstoff, wenn's geht ... weil ... alles ... so unendlich langsam geht ... Heißen Tee ... wenn es möglich ist ... und etwas zu essen.«

»Und wo seid ihr jetzt, Balyberdin«, fragt Tamm, »wie weit seid ihr schon vom Gipfel abgestiegen? Welche Höhe schätzt du?«

»Schätze ... 8 800 ...«, antwortet Balyberdin.

»Gut, wie werden sehen, was sich machen läßt«, schaltet sich in das Gespräch Iwanow ein, der den Ernst der Lage sofort begriffen hat: Myslowski und Balyberdin droht eine »kalte Übernachtung«.

Was »kalte Übernachtung« in dieser unvorstellbaren Höhe bedeutet, weiß jeder Alpinist – das Ende ...

Der Everest – Siege und Niederlagen

Es gibt wohl kein zweites Hochgebirge, das derart im Blickpunkt der Alpinisten aus aller Herren Ländern steht wie der Himalaja, und kein anderes ist Zeuge so vieler Heldentaten des Menschen im Kampf mit der Natur geworden, kein anderes hat so viele Tragödien gesehen.

Himalaja, ein Hindi-Wort, bedeutet soviel wie »Heimat des Schnees«. Dieses Gebirge ist in der Tat einer der größten natürlichen Schnee- und Eisspeicher unserer Erde. Es erstreckt sich von 73° östlicher Länge im Nordwesten bis zu 96° östlicher Länge im Südosten, zieht sich also fast 2500 Kilometer hin, wobei es an einzelnen Abschnitten eine Breite von 350 Kilometern erreicht. Dieses höchste Gebirge der Erde trennt das rauhe Hochland von Tibet von der warmen Indus-Ganges-Tiefebene.

Die erhabene Ruhe der verschneiten Himalajariesen, die hoch in den klaren blauen Himmel emporragen, ist trügerisch. Ständig stürzen hier mit ohrenbetäubendem Gedonner Lawinen und Steinschläge in die Tiefe; gewaltige Gletscher kriechen zu Tal und lassen die tiefen Schluchten vom Krachen und Splittern des Eises widerhallen; reißende Gebirgsflüßchen bahnen sich ihren Weg über zahllose Gesteinsschwellen. Im Schoße dieser »Heimat des Schnees« dauern die gebirgsbildenden Prozesse noch immer an, wovon größere und kleinere Erdbeben zeugen, die den Himalaja und seine nähere Umgebung ständig erschüttern.

Der Himalaja besteht aus mehreren parallelen Ketten. Die Hauptkette, der Hochhimalaja, erreicht im Mittel eine Höhe von 6000 Metern. Jeder ihrer Gipfel erhebt sich über einer dichtgeschlossenen Reihe weiterer Berge, die sich als gezackter Wall von West nach Ost erstrecken. Hier ragen zehn der vierzehn Achttausender unserer Erde empor. Und hier, im Herzen des Himalaja, an dem geographischen Punkt mit den Koordinaten 27°59′16″ nördlicher Breite und 86°55′40″ östlicher Länge, befindet sich der »Gipfel unseres Planeten«, der legendäre Everest.

Dieser Berg trägt mehrere Namen: Die Nepalesen nennen ihn Sagarmatha (»Himmelskönig«), die Tibeter Tschomolungma oder Qomolangma (»Göttinmutter der Erde«), und in der übrigen Welt hat sich der englische Name Mount Everest eingebürgert.

Hinsichtlich der Höhe des Bergriesen bestand lange

Zeit keine volle Übereinstimmung. Verschiedene Messungen hatten unterschiedliche Höhen ergeben: 8 839,8 (so lautete die Angabe im vorigen Jahrhundert), 8 882, 8 888, 8 842 ... Schließlich tauchte die Zahl 8 848 auf, die heute als die genaueste und richtige gilt.

Die Entdeckungsgeschichte des höchsten Punktes unseres Planeten ist eine ausgesprochen prosaische Geschichte. Sie ist weder mit großen geographischen Expeditionen noch mit romantischen Abenteuern weltberühmter oder völlig unbekannter Reisender verbunden. Der Everest wurde rein zufällig entdeckt – in der Stille eines Arbeitszimmers.

Um die Mitte des vergangenen Jahrhunderts führten englische Topographen eine eingehende Erkundung des nepalesischen Himalaja durch. Sie versuchten dabei allerdings nicht, die hohen Gipfel zu besteigen, das sah man in jenen Zeiten als aussichtsloses Unternehmen an, sondern vermaßen die aus der Ferne gut sichtbaren Gipfel, die weithin bekannte einheimische Namen trugen. Alle übrigen, namenlosen und gewissermaßen durch nichts bemerkenswerten, die in ihr Blickfeld gerieten, versahen sie mit laufender Nummer.

Nach langer Arbeit im Felde gingen die Topographen daran, die Koordinaten und die Höhe der charakteristischen Punkte zu bestimmen. Und eines Tages sprang plötzlich ein Mitarbeiter des Geodätischen Dienstes von seinem mit Tabellen und mathematischen Berechnungen überhäuften Schreibtisch auf und rief freudig erregt: »Ich habe den höchsten Berg der Welt entdeckt!« Als höchster Punkt unseres Planeten erwies sich ein bescheidener, im Hintergrund angepeilter Gipfel, den man mit der römischen Ziffer XV bezeichnet hatte. Das war, wenn man so sagen darf, die »Schreibtischentdeckung« des Jahres 1852.

Erst vier Jahre später gaben die Engländer nach langem Zögern dem »Peak XV« den Namen Mount Everest zu Ehren ihres Landsmannes, des Obersten George Everest, der einst Chef des »Survey of India« gewesen war. Nebenbei bemerkt, hatte der Oberst mit der Entdeckung des Gipfels selber nicht das geringste zu tun; er hatte Indien bereits fast zehn Jahre vor diesem Ereignis verlassen. Der Name Everest für den Berg, der einen uralten einheimischen Namen trägt, ist daher eigentlich wenig gerechtfertigt. Aber da er sich in Europa nun einmal eingebürgert hat, haben auch wir ihn in diesem Buch verwendet.

Die damalige Entdeckung wurde zu einer Sensation. Und jede Sensation löst bekanntlich eine Menge Streitfragen, Gerüchte, Mutmaßungen und die unwahrscheinlichsten Hypothesen aus. In diesem Fall waren es besonders viele, ging es doch um nicht weniger als um den höchsten Berg der Erde. Vor dem Everest hatten diesen Ehrennamen schon mehr als ein Gipfel getragen.

Jahrhundertelang glaubte man in Europa, daß kein Berg höher sei als der Montblanc (4 807 m) in den Alpen. Im Jahre 1745 sprach man unerwartet dem Vulkan Chimborazo (6 268 m) die Siegespalme zu, den eine französische geodätische Expedition in den Anden entdeckt hatte. Zu Beginn des 19. Jahrhunderts stellten die Geographen zu ihrer größten Verwunderung fest, daß noch weit höhere Berge existieren, die 8 000 Meter übersteigen. Eine Zeitlang galt der Dhaulagiri (8 221 m) im Zentralhimalaja als der höchste Punkt des Planeten. Später ging der Ehrentitel an einen anderen Himalajagipfel, den Kanchenjunga (8 598 m) über.

Im Jahre 1852 war also nun ein neuer Anwärter auf die »Weltmeisterschaft« aufgetaucht. Ein neuer, aber vielleicht auch er nicht der letzte? Das wollte vor allem der deutsche Geograph Hermann von Schlagintweit überprüfen, der, als er von der Sensation mit dem »Peak XV« erfuhr, sich in den Himalaja begab.

Mit seinen Forschungen stellte er tatsächlich – zeitweilig – die Priorität des Everest in Frage, da er diesen irrtümlich für den Gipfel hielt, den die Einheimischen Gaurisankar nennen. Und es gelang ihm auch, die Fachwelt – mit Ausnahme der Engländer – davon zu überzeugen, daß seine Entdeckung der Wirklichkeit entsprach. Über ein halbes Jahrhundert wurde der Gaurisankar auf den meisten geographischen Karten als höchster Punkt der Erde bezeichnet.

Erst zu Beginn unseres Jahrhunderts triumphierte die Gerechtigkeit. Nach genaueren Messungen stellte sich heraus, daß der Everest und der Gaurisankar zwei völlig verschiedene, fast sechzig Kilometer voneinander entfernte Gipfel sind. Mehr noch, es zeigte sich, daß die Höhe des Everest-»Konkurrenten« gar nicht so bedeutend war – ganze 7 145 Meter. Nun schien die Autorität des Everest nichts mehr gefährden zu können. Doch dem war keineswegs so.

In den folgenden Jahren wurden mehrfach Versuche unternommen, die beweisen sollten, daß auf der Erde noch höhere Gipfel existieren: Neuntausender. Besonders eifrig waren hierbei die Amerikaner. 1929 meldeten sie, es gäbe einen Berg Minyak-Gankara in Tibet, der 9145 Meter hoch sein sollte, doch es stellte sich dann heraus, daß der Berg über tausend Meter niedriger war. 1944 servierten Zeitungen der erstaunten Welt den »dokumentarischen« Bericht eines amerikanischen Fliegers; er wollte an der Grenze von Tibet und China einen Berg gesichtet haben, der über die Höhe von 9300 Metern, in der seine Maschine flog, weit hinausragte. Später wurde klargestellt, daß es in diesem Gebiet nicht nur keine Neuntausender, sondern nicht einmal Siebentausender gibt.

Dennoch schickten die unermüdlichen Yankees fünf Jahre später eine hervorragend ausgerüstete Expedition in den Himalaja, die den Berg suchen sollte, der den Everest überragte. Nach der Rückkehr dieser Expedition erklärte deren Leiter, er habe einen solchen Gipfel entdeckt, seine Höhe betrage 9040 Meter. Doch die neuerliche Sensation erwies sich wiederum als eine »Ente«. Von da an haben die Amerikaner keine Neuntausender mehr gesucht, während die Engländer ihre hartnäckigen Bemühungen fortsetzten, den Everest zu bezwingen, der also der höchste Punkt unseres Planeten geblieben ist, zumindest bis zum heutigen Tag.

Es ist jetzt nur noch schwer festzustellen, wer als erster auf den Gedanken gekommen ist, den Everest zu besteigen. Auf jeden Fall plante ein Engländer namens Charles G. Bruce bereits 1893 einen Aufstieg. Am Ende des vorigen und zu Beginn unseres Jahrhunderts versuchten die Engländer, alpinistische Expeditionen in den Himalaja zu organisieren, die jedoch aus verschiedenen Gründen scheiterten.

Erst 1921 gelangten englische Bergsteiger von Darjeeling in Westbengalen aus, Nepal im Osten umgehend, an den Fuß des Everest. Dieser fast fünfhundert Kilometer lange Anmarsch war wahrscheinlich nicht der geeignetste, doch die Grenzen Nepals blieben nach wie vor Ausländern verschlossen. Den kurzen und günstigeren Weg von Süden her zu benutzen war nicht möglich.

Im Jahre 1921 hatten sich die Engländer nicht die Aufgabe gestellt, den Berg zu bezwingen. Sie führten eine reine Erkundungsexpedition durch, die auch von bedeutenden Erfolgen gekrönt war. Erstens gelang es ihnen, eine detaillierte Übersichtskarte des Gebiets zu erarbeiten. Zweitens schaffte eine kleine Gruppe unter Führung von Mallory, einem der besten englischen Alpinisten jener Zeit, den Aufstieg auf den Chang-La-Sattel (6985 m), wobei sie die wahrscheinlich günstigste Route auf die Nordrippe und weiter auf den Gipfel entdeckte.

Der erste Schritt war also getan. Der zweite, nun schon entschlossenere, folgte. 1922 gelang es einigen britischen Bergsteigern, erstmals die 8000-Meter-Marke zu überschreiten und sich dabei dem Gipfel des Himalajariesen zu nähern. Mallory, Norton und Somervell erreichten rund 8200 Meter, Finch und Bruce einige Tage später 8326 Meter Höhe. Doch diese Höhenrekorde wurden mit den ersten Menschenleben am Everest teuer bezahlt: Sieben Sherpas fanden durch eine Lawine den Tod.

Der größte Erfolg aller Vorkriegsexpeditionen der Briten fiel ins Jahr 1924, doch auch er war vom Tod mehrerer Menschen überschattet. Nach dem ersten gescheiterten Versuch Nortons und Somervells (die bis in eine Höhe von 8572 bzw. 8540 Metern kamen) traten der junge Bergsteiger Irvine und der erfahrene Mallory zum Sturm auf den Gipfel an. Für Mallory war dies bereits die dritte Expedition auf den Everest innerhalb von vier Jahren.

Die beiden Alpinisten begannen den Aufstieg von dem Angriffslager in 8145 Meter Höhe aus und kamen verhältnismäßig rasch vorwärts. Dann verschwanden ihre Gestalten im Nebel, und erst nach einer Weile tauchten sie wieder auf. Auf dem Schneehang, der zum letzten Absatz am Fuß der Gipfelpyramide führt, war von unten ein kleiner sich nach oben bewegender Punkt zu sehen, der sich der schneebedeckten Gipfelstufe näherte. Dicht hinter ihm bewegte sich ein zweiter, auf dem Grat trafen sie zusammen. Danach näherte sich der erste Punkt dem Felsabsatz und hatte ihn bald erklommen, der zweite folgte ihm. Mallory und Irvine befanden sich in etwa 8540 Meter Höhe. Bis zum Gipfel war es gar nicht mehr weit.

Dann verschwand dieses faszinierende Bild der beiden nach oben steigenden Männer im Nebel. Niemand hat sie je wieder zu Gesicht bekommen. Bis heute hat der Streit nicht aufgehört, ob die beiden den Berg bezwungen haben oder wenige hundert Meter unterhalb des Gipfels ums Leben kamen. Was war die Ursache ihres Todes?

Diese Fragen werden wohl ewig unbeantwortet bleiben. Neun Jahre später fand man in einer Höhe von 8450 Metern lediglich den Eispickel Mallorys oder Irvines, der heute im Londoner Alpinistenklub aufbewahrt wird. Dieser Fund trug freilich zur Aufklärung der Ursache der Tragödie nicht das geringste bei. Der Everest versteht seine Geheimnisse zu hüten.

In den letzten Vorkriegsjahren organisierten die Engländer noch mehrere Expeditionen von der tibetischen Seite aus. Probleme gab es immer weniger, der Erfolg schien greifbar nahe zu sein – nur ein paar hundert Meter trennten die Bergsteiger vom Gipfel. Doch eben für diese letzten hundert Meter fehlten das eine Mal die Kräfte, ein andermal das notwendige Bergsteigerglück. Die Expeditionen mußten alle den Rückzug antreten, ohne ihr Ziel erreicht zu haben. Nicht wenige ihrer Teilnehmer fanden dabei an den Hängen des Berges den Tod.

Es schien also weit einfacher zu sein, den Nord- oder den Südpol zu erreichen, als die Welt vom Gipfel des Everest aus zu betrachten, den man bildhaft den »dritten Pol« unserer Erde genannt hat. Es entstanden die unwahrscheinlichsten Gerüchte: Jede Expedition werde unablässig von den »Schatten« der Toten begleitet. Es sei unmöglich, den Riesen zu bezwingen, weil die Natur selber ihn vor den Menschen schütze.

Doch die Versuche, den Everest zu besiegen, hörten nicht auf. Sie wurden übrigens nicht nur von hervorragend ausgerüsteten Expeditionen, sondern auch von einzelnen Alpinisten und selbst von Nichtalpinisten unternommen. Am »berühmtesten« wurde der Engländer Maurice Wilson. Nachdem er im Range eines Hauptmanns aus der britischen Armee ausgeschieden war, beschloß er, sich ganz der Religion zu weihen. Er kam zu dem Schluß, daß es doch gar nicht so schwer sein könne, den Everest zu bezwingen. Man brauche sich nur in einem dreiwöchigen Fasten vom irdischen Schmutz zu reinigen und, nachdem Körper und Geist auf diese Weise gestärkt seien, mutig bergan zu steigen.

Zunächst hatte Wilson mit dem Gedanken gespielt, von Indien her mit einem Flugzeug den Everest anzusteuern, unterhalb des Gipfels zu landen und dann zu Fuß den höchsten Punkt zu ersteigen. Doch das Flugzeug wurde in Indien von den englischen Behörden zurückgehalten. Daraufhin drang Wilson 1934 illegal in Tibet ein, kaufte sich landesübliche Kleidung, dingte drei Bergführer und machte sich auf den Weg zum Everest. Obwohl er über keinerlei alpinistische Ausrüstung und keinerlei Erfahrung verfügte, gelangte er immerhin bis in 6400 Meter Höhe.

Die einheimischen Bergführer taten alles, Wilson von

dem sinnlosen Vorhaben abzubringen. Da alle ihre Mühe vergebens war, gingen sie schließlich nach unten zurück und überließen ihn seinem Schicksal. Der halbwahnsinnige Hauptmann a. D. versuchte noch einige Male, im Alleingang auf den Nordsattel (6985 m) emporzusteigen, doch ohne Erfolg. Er starb schließlich an Entkräftung und Erfrierungen. Ein Jahr später fanden englische Bergsteiger den Leichnam Wilsons und das Tagebuch, aus dem die Welt von dem Mißgeschick dieses Besessenen erfuhr.

Versuche, ohne Genehmigung der Behörden in Tibet einzudringen und den Gipfel im Alleingang zu besteigen, wurden noch zweimal unternommen: 1947 von dem kanadischen Alpinisten Denman und 1951 von dem Dänen Becker-Larsen. Doch keiner von ihnen kam über den Nordsattel hinaus. Weder Expeditionen noch einzelnen Bergsteigern war es also gelungen, den höchsten Berg der Erde zu bezwingen. Das Flugzeug kam schließlich zu Hilfe.

Im Jahre 1933 organisierten die Engländer einen Erkundungsflug in den Himalaja. Der Hauptzweck war, Luftbilder vom Everestgebiet anzufertigen und zugleich die Überlegenheit der neuen englischen Flugzeuge vom Typ »Pegasus« gegenüber amerikanischen beim Flug in großen Höhen und mit viel Treibstoff an Bord zu beweisen. Ob die englischen Maschinen den amerikanischen tatsächlich überlegen waren, ist für den Alpinismus weniger wichtig, wesentlich ist, daß es gelang, beim zweiten Flug recht gute Luftbilder zu machen.

Der amerikanische Flieger R. Scott nahm 1942 bei der Erprobung eines neuen Langstreckenbombers in Eigeninitiative den Everest, den Makalu, den Lhotse und den Kanchenjunga aus der Luft auf; ihm glückten hervorragende Fotos, die sowohl den Alpinisten als auch den Geographen sehr gelegen kamen.

Der zweite Weltkrieg setzte für längere Zeit andere Probleme auf die Tagesordnung als Gipfelsiege im Hochgebirge. Als der Krieg beendet war, hatte sich die Situation im Kampf um die Bezwingung des Everest grundlegend gewandelt. Nach der Unabhängigkeitserklärung Indiens im Jahre 1947 verloren die Engländer das Monopol auf die Erstürmung des höchsten Gipfels unseres Planeten, und Alpinisten anderer Länder griffen in den Kampf um den Gipfelsieg ein. Nach Öffnung der Grenzen Nepals wurde zudem der Zugang zum Himalaja von Süden her möglich, der kürzer und einfacher ist als der vom Norden her.

Im Jahre 1950 organisierten die Amerikaner eine kleine Expedition, um die südlichen Zugänge zum Everest zu erkunden. Sie kamen zu dem Schluß, daß dieser Weg nicht aussichtsreich sei. Im gleichen Jahr bezwangen die Franzosen Maurice Hercog und Louis Lachenal die Annapurna (8078 m) und eröffneten damit die Reihe der Siege über die Achttausender unserer Erde. Die Engländer interessierte nach wie vor allein der Everest. 1951 rüsteten sie eine Expedition aus, um den Zugang zu ihm von der nepalesischen Seite her zu erkunden, doch die gesteckten Ziele – in das Westbecken, das »Tal des Schweigens«, vorzudringen und eine mögliche Route zum Gipfel über den Südsattel zwischen Everest und Lhotse zu erkunden – erreichten sie nicht. Dafür gelang es ihnen, erstmals Spuren des »Schneemenschen« zu fotografieren.

Im folgenden Jahr griffen die erfahrenen Schweizer Alpinisten in den Kampf ein, die den Engländern denn auch beinahe den Sieg »gestohlen« hätten. Die Schweizer hatten übrigens vorgeschlagen, 1952 eine gemeinsame Expedition zu unternehmen, doch die Briten hatten abgelehnt: Sie hofften im kommenden Jahr den Gipfel allein zu bezwingen. Es war für sie eine Prestigefrage.

Der Everest wehrte beide Angriffe der schweizerischen Alpinisten ab, die im Frühjahr und dann noch einmal im Herbst versuchten, den Gipfel von der Südseite her zu ersteigen. Dabei waren sie dem Ziel so nahe gekommen wie keiner vor ihnen. Einer der besten Bergführer jener Zeit, Raymond Lambert, und der Nepalese Tenzing Norgay erreichten eine Höhe von 8595 Metern. Doch schlechtes Wetter und äußerste Erschöpfung zwangen sie zur Umkehr.

Obwohl der Gipfel abermals unbezwungen blieb, war die Expedition doch überaus erfolgreich verlaufen. Die Schweizer hatten es in weniger als einem Jahr geschafft, den Khumbu-Eisbruch zu überwinden und in das Westbecken vorzudringen sowie die Route fast bis zum Gipfel zu erkunden und zu markieren. Sie hatten das »Südtor« zum Everest aufgestoßen und den Engländern in vielem geholfen, den höchsten Berg der Erde schließlich zu besiegen.

Die Briten, die den Everest in dem unübersehbaren Chaos der Himalajagipfel herausgefunden, seine Höhe berechnet und die Versuche, ihn zu bezwingen, mit mehreren Menschenleben bezahlt, die neun Expeditionen organisiert und dabei eine Menge Kraft und Mittel investiert hatten – diese Briten waren der Meinung, sich das Recht verdient zu haben, als erste auf dem höchsten Punkt unseres Planeten zu stehen.

Im Jahre 1953 brachen sie auf, den Everest um jeden Preis zu besiegen. Die Expedition wurde von Oberst John Hunt geleitet, einem bewährten Organisator und Alpinisten, der bereits an mehreren Besteigungen im Himalaja teilgenommen hatte. Der Alpinistengruppe gehörten so erfahrene Himalaja-Fahrer wie Charles Evans, Tom Bourdillon, Alfred Gregory, Edmund Hillary, George Lowe, Charles Wylie, Wilfried Noyce und andere an. In Nepal stieß der schon damals berühmte Tenzing Norgay zu ihnen, der die Schar der Hochträger anführte.

Diese zehnte britische Expedition wurde besonders sorgfältig vorbereitet, die Taktik des Vordringens zum Gipfel bis ins Detail ausgearbeitet, und jeder Bergsteiger kannte genau seine Aufgaben. Eine für jene Zeit erstklassige Sauerstoffausrüstung war geschaffen und erprobt worden. Die Teilnehmer hatten eine lange und gründliche körperliche Vorbereitung durchlaufen. Die Fragen der Ernährung und Ausstattung waren bis ins einzelne bedacht. So hatte man sogar vorgesehen, einen leichten Granatwerfer mitzunehmen, um Lawinen an den das Westbecken umgebenden Wänden künstlich auszulösen. Kurz gesagt, die Engländer waren besser für den entscheidenden Angriff gerüstet als alle vorangegangenen Expeditionen zusammen.

Dreihundertfünfzig Träger transportierten die viele Tonnen schwere Ausrüstung auf den Zugangswegen. Bei der Einrichtung der Hochlager halfen zwanzig erfahrene Sherpas. Nach drei Monaten angestrengter Arbeit, am 26. Mai 1953, trat die erste Angriffsseilschaft, bestehend aus Charles Evans und Tom Bourdillon, zum Sturm auf den Gipfel an. Sie kämpfte sich verbissen dem Ziel entgegen und erreichte den Südgipfel des Everest, also eine Höhe von 8750 Metern. Noch nie war ein Mensch so hoch gestiegen. Bis zum ersehnten Ziel blieben weniger als hundert Meter in der Vertikalen und nicht mehr als drei Wegstunden.

Doch für den entscheidenden Gang zum Gipfel reichten ihre Kräfte nicht mehr. Die beiden schätzten die Situation nüchtern ein und kehrten um. Sie stiegen langsam und vorsichtig ab, wobei sie einander abwechselnd sicherten. Dennoch stürzte Evans plötzlich ab: Er flog, seinen Kameraden mit sich reißend, eine ganze Seillänge die

Wand hinunter. Zum Glück hatte Bourdillon noch die Kraft, den Eispickel einzurammen und den Sturz aufzuhalten. Mit Mühe und Not erreichten die beiden stärksten Alpinisten Englands das Lager auf dem Südsattel.

Nun ruhte alle Hoffnung auf der zweiten Angriffsgruppe, Hillary und Tenzing. Am 28. Mai trugen die beiden, von einem aus drei Mann bestehenden Hilfstrupp unterstützt, die notwendige Ausrüstung in 8500 Meter Höhe. Dort wurde unter einer Felswand auf einer kleinen Plattform, die Tenzing schon im Vorjahr während des Aufstiegs mit Lambert bemerkt hatte, das neunte, das Angriffslager errichtet.

Der Morgen des 29. Mai brach an. Es herrschte klares und windstilles Wetter. Um 6.30 Uhr verließen Hillary und Tenzing das Lager, nachdem sie die Steigeisen und die schweren Sauerstoffgeräte angelegt hatten, und traten zu jenem Aufstieg an, der für immer in die Geschichte des Alpinismus eingehen sollte. Nachdem sie mehrere Seillängen geschafft hatten, erblickten sie die Flaschen mit dem verbliebenen Sauerstoffvorrat, die Evans und Bourdillon für sie zurückgelassen hatten. Gegen 9 Uhr hatten sie die lawinengefährdete Zwölfmeterwand überwunden und den Südgipfel des Everest erreicht. Von dort war der ganze noch verbleibende Weg gut zu sehen; der schmale, steil zum Gipfel führende Grat schien fast unbezwingbar zu sein.

Hillary und Tenzing ruhten sich ein wenig aus, dann stiegen sie weiter gipfelwärts, wobei sie Stufe um Stufe in den harten Firn schlugen. Sie näherten sich einer zehn Meter hohen felsigen Steilwand, für einen erfahrenen Felskletterer ganz einfach zu bewältigen, doch hier, in rund 8800 Meter Höhe, konnte sie zu einem unüberwindlichen Hindernis werden.

Der einzig mögliche Weg war ein Spalt zwischen dem Fels und einem Schneesims. Die Beine in ihn hineinstemmend und winzige Vorsprünge an den Felsen nutzend, schob sich Hillary Zentimeter um Zentimeter nach oben. Als er aus dem Spalt herausgekrochen war, blieb er lange reglos liegen, um Kraft zu sammeln zur Absicherung seines Begleiters. Dann ging es weiter, den Grat hinauf, der nach rechts abbog. Sie schleppten sich gipfelwärts, hackten von Zeit zu Zeit Stufen, aber der Weg wollte und wollte kein Ende nehmen. Doch auf einmal begann er jäh nach unten abzufallen.

Am 29. Mai 1953, um 11.30 Uhr, hatten der Neuseeländer Edmund Hillary und der Nepalese Tenzing Norgay den Gipfel bezwungen, der so viele Jahre allen Angriffen getrotzt hatte. Der Sieg über den Everest war eine der großen, langerwarteten Sensationen des 20. Jahrhunderts, und seine Bezwinger erlangten im Nu Weltruhm.

Viele nahmen an, daß nach der Erstbesteigung das Interesse am »dritten Pol« der Erde nachlassen werde. Doch eher das Gegenteil war der Fall. Wie ein Magnet zog der Berg weiterhin Alpinisten aus den verschiedensten Ländern an. 1956 bestiegen vier Teilnehmer der dritten schweizerischen Expedition abermals den Gipfel des Everest. Zudem gelang es diesen Schweizern, auch den benachbarten Lhotse zu bezwingen, den vierthöchsten Berg unseres Planeten. Vier Jahre später standen drei chinesische Sportler auf dem Gipfel des Everest. Sie hatten den Berg auf einer neuen Route von Norden her bestiegen und den Gipfel bei Nacht erklommen.

Zehn Jahre nach der Erstbesteigung nahmen amerikanische Alpinisten den Kampf mit dem Everest auf. Es war die bis dahin am besten ausgerüstete und umfangreichste Expedition (Leiter: N. Dyhrenfurth). Fast tausend Träger beförderten dreißig Tonnen Gepäck zum Basislager. Über dreißig erfahrene Sherpas begleiteten die Bergsteiger nach oben. Ursprünglich war geplant, sowohl den Everest als auch dessen Nachbarn Lhotse und Nuptse zu besteigen. Doch später beschloß man, diese Himalajariesen in Ruhe zu lassen, und konzentrierte alle Anstrengungen allein auf den Everest. Die Liste der Gipfelbezwinger wuchs um weitere sechs Namen. Außerdem wurde zum erstenmal der Weg über den Westgrat mit Abstieg über den Südostgrat bewältigt, das heißt die erste Traversierung des Gipfels vollbracht.

Nach zwei gescheiterten Versuchen in den Jahren 1960 und 1962 erstiegen 1965 neun Teilnehmer einer indischen Expedition den Everest. Fünf Jahre später organisierten die Japaner gleich zwei Expeditionen auf einmal, die ein umfangreiches und kompliziertes Programm zu erfüllen hatten. Die eine Gruppe sollte den Everest vom Südsattel her bezwingen, die zweite über die schwierige Südwestwand. Im Rahmen einer selbständigen Ski- und Filmexpedition plante der Japaner Miura die Abfahrt vom Gipfel hinunter zum Südsattel und von dort ins Westbecken auf Skiern. Obendrein sollte dieses riskante Unternehmen gefilmt werden.

Doch verwirklicht wurde nur ein Teil des Programms.

Vier Männer erreichten das Ziel auf der klassischen Route. Die Südwestwand zu bezwingen gelang nicht, obwohl man bis in 8 050 Meter Höhe vorgedrungen war. Auf eine Abfahrt vom Gipfel des Everest mußte man verzichten. Immerhin fuhr Miura auf seinen Skiern fast vom Südsattel (7 968 m) bis ins Westbecken, wobei er eine Art Fallschirm verwendete und auf einzelnen Abschnitten eine Geschwindigkeit von 170 Kilometern je Stunde erreichte.

Doch selbst diese erfolgreichen Expeditionen, die die Namenliste der Everest-Bezwinger beträchtlich verlängerten, vergrößerten zugleich die Zahl der Opfer. 1963 wurde einer der Amerikaner bei der Überwindung des Khumbu-Eisbruchs durch eine Eislawine getötet. Eine der Zweierseilschaften mußte nach dem Gipfelsieg ohne Sauerstoff, ohne Essen und Trinken, ohne Schlafsäcke und Zelt in 8 540 Meter Höhe übernachten. Vor dem sicheren Tod rettete sie allein das Wetter: Es herrschten nur minus 18 °C und dazu absolute Windstille, für diese Jahreszeit völlig ungewöhnlich.

Besonders viele Menschenopfer forderten die japanischen Expeditionen von 1970. Ein Sherpa kam im Khumbu-Eisbruch ums Leben, und ein japanischer Alpinist stürzte, von der Höhe und der Kälte entkräftet, beim Abstieg vom Grat ab, nachdem er den Gipfel bereits bezwungen hatte. Sechs der Sherpas, welche die Ski-Expedition begleitet hatten, wurden unter einer Eislawine begraben. Und auch Miura selber wäre am Ende seiner halsbrecherischen Schußfahrt um ein Haar in den Tod gerast, hätte ihn nicht der stabilisierende »Fallschirm« wie durch ein Wunder vorm Sturz in einen bodenlosen Abgrund bewahrt: Wenige Meter davor konnte er gerade noch stoppen.

Selbst die erfolgreichsten Expeditionen sind also nicht ohne Tragödien verlaufen, oder aber es hat nicht viel bis zu einer Tragödie gefehlt. Die Bezwingung des Everest bewegt sich stets an der Grenze der menschlichen Möglichkeiten. Die Natur selbst stellt den Bergsteigern Hindernisse in den Weg, die nur mit äußerster Anstrengung zu überwinden sind.

Da ist vor allem die Höhe. Der Sauerstoffmangel raubt dem Sportler Appetit und Schlaf, stumpft das Gefühl für Gefahren und die Angst ab, ruft Kopfschmerzen und Mattigkeit hervor, zehrt an Kräften und Nerven, verursacht Halluzinationen. Die wohl bekannteste Geschichte passierte in dieser Hinsicht dem Engländer Frank Smythe, der 1933 den Gipfel im Alleingang zu besteigen versuchte, nachdem sein Partner umgekehrt war. In einer Höhe von etwa 8200 Metern zweifelte jedoch Smythe plötzlich in keiner Weise daran, daß er noch immer durch das Seil mit seinem Kameraden verbunden war, und hielt seinem fiktiven Begleiter sogar ein Stück Pfefferminzkeks hin.

Zu alledem kommen noch orkanartige Stürme, die ganz unerwartet mit unheimlicher Geschwindigkeit hereinbrechen, und Kälte, welche die Quecksilbersäule des Thermometers nach unten drückt; alles mit sich reißende Lawinen und unter frischgefallenem Schnee verborgene tiefe Gletscherspalten; wochenlang anhaltende Schneestürme und ungewöhnliche Trockenheit der Luft, die quälenden Husten verursacht. Kurz gesagt, vor den Bergsteigern türmen sich viele Hindernisse auf, und nur wenige gelangen ans Ziel.

Der Everest hat mehr als einmal die Richtigkeit der Behauptung bestätigt, daß es im Alpinismus keine Statisten und keine Stars gibt, sondern alle Teilnehmer in gleicher Weise am Erfolg beteiligt sind. Tragisch und ruhmlos endete zum Beispiel die erste internationale Expedition von 1931, die sogenannte »Weltseilschaft«, die mit Glanz und Gloria und lauttönender Reklame aufgebrochen war und den Aufstieg über die Südwestwand plante.

Zu ihr gehörten fähige Bergsteiger aus England und den USA, Frankreich und Italien, Japan und Norwegen, der BRD und Österreich, Indien und der Schweiz – aus insgesamt dreizehn Nationen. Der Leiter der Expedition, der erfahrene Norman Dyhrenfurth, traf mit den Teilnehmern erst in Katmandu wenige Tage vor dem Aufstieg in die Berge zusammen. Ja viele Teilnehmer sahen einander überhaupt zum erstenmal im Leben. Von Anfang an kam es zu Meinungsverschiedenheiten darüber, wer denn nun zum Angriff auf den Gipfel antreten und wer die Rolle der Helfer übernehmen sollte. Die Differenzen spitzten sich von Tag zu Tag mehr zu. Schließlich fiel die ganze Expedition auseinander und trat, nachdem sie einen Alpinisten verloren hatte, den Rückzug an.

Im nächsten Jahr war einer weiteren internationalen Expedition, diesmal einer rein europäischen, die ebenfalls die Südwestwand forcieren wollte, aus den gleichen Gründen kein Erfolg beschieden. In der Folgezeit ging der Kampf um den Everest mit wechselndem Erfolg weiter, stets aber waren echte Kameradschaft und Selbstlosigkeit das Unterpfand des Sieges.

Mit jedem Jahr wurden die Aufgaben schwerer, die sich die Bergsteiger stellten, immer neue Routen auf den Everest wurden durchstiegen. Ein ungelöstes Problem aber blieb nach wie vor die Südwestwand. Nach dem ersten erfolglosen Experiment der Japaner im Jahre 1970 haben noch mehrmals Expeditionen aus verschiedenen Ländern diese Wand zu bezwingen versucht, doch alle scheiterten und kehrten unverrichteterdinge um.

Im Jahre 1975 traten die Briten unter Führung Chris Boningtons erneut zum Angriff auf die Südwestwand an. Sie wählten eine äußerst schwierige Route. Ihr am schwersten zu überwindender Abschnitt entsprach, nebenbei bemerkt, etwa der halben Länge des Weges, den die sowjetischen Alpinisten vom Lager III zum Lager IV bewältigten, und war immer noch einfacher als dieser.

Bonington hatte bereits 1972 eine derartige Expedition geleitet, doch sie war erfolglos verlaufen. Damals hatte er übrigens, verärgert über das Mißlingen, vor Journalisten erklärt, daß er nie wieder zum Everest zurückkehren werde. Doch drei Jahre später unternahm er dennoch erneut den Versuch, die berüchtigte Wand zu bezwingen, damit endlich auch Landsleute von ihm einmal auf dem Gipfel des Everest stünden.

Es ist paradox, aber Fakt, daß in der Tat noch kein Engländer seinen Fuß auf den Gipfel aller Gipfel gesetzt hatte. Zwar gebührte die Ehre, den »dritten Pol« unseres Planeten bezwungen zu haben, einer britischen Expedition, doch hatten damals, im Jahre 1953, ja bekanntlich ein Neuseeländer und ein Nepalese den Gipfelsieg errungen. Danach hatten Bergsteiger vieler Nationalitäten auf dem Everest gestanden, aber die Engländer nach wie vor kein Glück gehabt. Bonington träumte davon, diese Scharte auszuwetzen.

In seine Expedition nahm Bonington neunzehn Briten auf, von denen viele bereits versucht hatten, die Südwestwand zu durchsteigen. Für Dougal Haston und Doug Scott zum Beispiel war es bereits der dritte Versuch, und dieser brachte schließlich den ersehnten Erfolg. Nachdem die beiden einen großen Teil der Wand überwunden hatten und dann nach Osten abgeschwenkt waren, erreichten sie den Südgipfel. Von dort bewegten sie sich auf der klassischen Route weiter und bezwangen am Abend dieses Tages schließlich den Everest.

Der Rückweg hätte beinahe mit einer Tragödie geendet. Die Gipfelsieger waren genötigt, in einer von ihnen angelegten Schneehöhle in 8750 Meter Höhe zu übernachten. Sie hatten weder Schlafsäcke noch Sauerstoff noch Nahrung bei sich. Um nicht zu erfrieren, schlossen Haston und Scott kein Auge, überstanden die furchtbare Nacht in dieser kosmischen Höhe und schafften am nächsten Tag den Abstieg in das Lager unterhalb des Gipfels.

Einen Tag später kam es dennoch zu einer Tragödie, als vier weitere Bergsteiger auf der präparierten Route zum Gipfelangriff antraten. Zwei von ihnen, der Engländer Peter Boardman und der Sherpa Pertemba, erreichten glücklich das Ziel. Bei der Rückkehr begegneten sie in etwa 8800 Meter Höhe Mike Burke (sein Seilgefährte Martin Boysen war wegen Ausfall des Sauerstoffgeräts und Verlust eines Steigeisens ins Sturmlager zurückgekehrt), der entschlossen war, den Gipfel auch im Alleingang zu bezwingen.

Die drei fotografierten einander, ehe sie sich trennten. Es sollte das letzte Foto von Burke sein. Das Wetter verschlechterte sich gleich danach, Schneefegen setzte ein, das alles ringsum in dichte Wolken hüllte. Weder an diesem noch am folgenden Tag kehrte Burke ins Lager zurück. Die Suche nach ihm verlief ergebnislos. Wie war er ums Leben gekommen? Hatte er den Gipfel erreicht? Nach Boningtons Worten wurde diese Tragödie »zu einer grausamen Mahnung, wie schmal die Grenze zwischen Leben und Tod auf dem Everest ist, wie stark auch immer eine Mannschaft sein mag!«

Und trotz alledem, wie »schmal auch immer die Grenze zwischen Leben und Tod auf dem Everest ist«, immer neue Bergsteiger brachen auf, ihn zu erstürmen. Bis Anfang 1982 waren sieben Routen zum Gipfel durchstiegen. Sechs Menschen bestiegen ihn sogar zweimal, einige von ihnen schafften es ohne Sauerstoffgeräte.

Der jüngste Bezwinger des Everest war ein Achtzehnjähriger, der Nepalese Sambu Tamang, der älteste ein Neunundvierzigjähriger, der Franzose Pierre Mazeaud. Vier Frauen, ein Ehepaar und ein Alleingänger, der namhafte Südtiroler Bergsteiger Reinhold Messner, haben ihn besiegt. Zusammen mit Peter Habeler hatte der Südtiroler schon 1978 die erste Besteigung des Everest ohne künstlichen Sauerstoff geschafft. Zwei Jahre später kehrte Messner abermals zum Berg zurück. Von dem Basislager in 6500 Meter Höhe aus erreichte er, wiederum ohne Verwendung von Sauerstoffgeräten, im Alleingang bereits in zwei Tagen den Gipfel über die Nordroute.

Polnische Alpinisten führten die erste Winterbesteigung durch. Vom höchsten Punkt unseres Planeten aus sandte der schon erwähnte Franzose Pierre Mazeaud über einen Satelliten zum erstenmal eine direkte Reportage in seine Heimat. Er sagte damals unter anderem: »Ich denke jetzt an alle meine Bergsteigerfreunde, die in den Bergen umgekommen sind. Und ich denke auch an all jene, die mir geholfen, an alle, die keine Mühe gescheut haben, daß die erste französische Seilschaft den Gipfel des Everest erreichen konnte. Und ich denke auch«, bemerkte Mazeaud am Ende der Reportage, »an meine alten Knochen. Ich bin ja fast fünfzig, und noch steht mir der Abstieg bevor, der fast ebenso schwer ist wie der Aufstieg.«

Pierre Mazeaud, der sich 1978 in die Liste der Gipfelsieger eintrug, schaffte glücklich den Abstieg.

Bis zum Beginn der sowjetischen Expedition hatten insgesamt einhundertelf Menschen aus sechzehn Ländern auf dem höchsten Punkt des Planeten gestanden. Auf den ersten Blick eine stattliche Zahl. War der Everest vielleicht nicht mehr der alte Everest, und ist es vielleicht gar nicht mehr so schwer, ihn zu bezwingen?

Keinesfalls. Der Weg zum Gipfel ist um nichts leichter geworden. Der Everest ergibt sich nicht ohne Kampf, er wehrt sich nach wie vor gegen alle, die ihn bezwingen wollen, und übt grausame Rache für jede Nachlässigkeit. Vierundfünfzig Menschen sind bisher an seinen Wänden ums Leben gekommen. Wie viele hervorragend ausgerüstete Expeditionen waren gezwungen umzukehren, wie viele namhafte Bergsteiger sind selbst nach dem Gipfelsieg nicht zurückgekehrt! Die Geschichte der Bezwingung des »Höhenpols« unseres Planeten bietet nicht wenige Beispiele dafür.

Nein, der Everest ist der alte Everest geblieben. Er kennt keine Zugeständnisse. Es gibt keine leichten Routen auf seinen Gipfel, es hat sie nie gegeben und wird sie auch in Zukunft nicht geben ...

Der Tag des Sieges

Nächtlicher Sturm

4. Mai

Balyberdin und Myslowski haben 16.45 Uhr die Meldung von ihrer Notsituation durchgegeben und setzen nun den Weg nach unten fort. An der ersten steilen Wand aber kommt der führende Myslowski etwa dreißig Meter von der Route nach links ab. Balyberdin kann mit der geringen Sicherung auf den verschneiten Felsen nicht absteigen und beschließt, den mit Steinen und anderen »Siegestrophäen« vom Everest vollgestopften Rucksack zurückzulassen. Er hofft sehr, ihn am nächsten Morgen »rasch« holen zu können. Das Gefühl für Entfernung und für die Schwierigkeit des Weges ist bei ihm geschwunden.

18.45 Uhr. Sie nehmen Verbindung mit dem Basislager auf und erfahren, daß ihnen aus Lager V eine Zweierseilschaft entgegenkommt. Diese Mitteilung beglückt und schwächt sie zugleich. Balyberdin geht an seinen eigenen Steigeisen vorüber, statt sie anzulegen: »Ich hatte keine Lust, stehenzubleiben und die Fellhandschuhe bei dieser Kälte auszuziehen. Der eine war arg zerrissen, die Hand darin wurde klamm, daher mußte ich die Handschuhe ständig wechseln. Daß wir in ein paar Stunden auf die glatten ›Dachziegel‹ gelangen würden, daran dachte ich nicht. Ich muß damals wohl geradezu ein Brett vor dem Kopf gehabt haben.«

Myslowskis Zustand ist nicht besser, er kann kaum noch weiter. Die Dämmerung fällt ein. Sein Sauerstoff ist bald zu Ende gegangen. Und ohne den verlangsamt sich das schleppende Tempo des Abstiegs noch mehr. Jeder Meter erfordert die Anspannung aller Willenskraft. Die leere Sauerstoffflasche werfen sie in den Bonington-Couloir. Unter einigem Gepolter saust sie in den Abgrund. Diesen Laut hören die beiden Männer, die ihnen aus Lager V zu Hilfe kommen.

Als im fünften Lager die Meldung eintrifft, daß Balyberdin und Myslowski wahrscheinlich ein »kaltes Biwak« in 8800 Meter Höhe bevorsteht, macht man sich dort sofort für den Aufstieg fertig. Die Frage, ihnen entgegengehen oder nicht entgegengehen, steht gar nicht zur Diskussion. Klar ist, daß eine Zweierseilschaft aufsteigt, da einer sicherheitshalber im 8500-Meter-Lager zurückbleiben muß. Klar ist aber auch das: Diese beiden büßen fast mit Sicherheit die Chance ein, zum Sturm auf den Everestgipfel anzutreten, da sie zuviel Kraft und Sauerstoff verlieren würden. Doch was ist ein Gipfelsieg, selbst der von jedem Bergsteiger erträumte, wenn ein Menschenleben in Gefahr ist!

Jefimow beginnt sich anzuziehen. Berschow und Turkewitsch bestehen jedoch hartnäckig darauf, selbst nach oben zu gehen. Sie bilden schon lange eine Seilschaft, beide sind Spezialisten für Felsabschnitte und würden folglich rascher vorankommen. Ihre Argumente überzeugen schließlich, besonders das letzte. Sie können in der Tat die beiden da oben schneller erreichen und ihnen die jetzt so dringend notwendige Hilfe bringen.

Die beiden machen sich also fertig; nach dem Aufstieg ins Lager V sind sie noch gar nicht dazu gekommen, sich völlig auszuziehen. Iwanow nimmt Verbindung mit dem Basislager auf und bittet den Expeditionsarzt ans Funkgerät: »Wir wollen für sie ein die Lebensgeister anregendes Mittel mit nach oben nehmen, damit sie den nächtlichen Abstieg durchhalten. Ist das richtig?« Orlowski berät sie ausführlich, was sie für Balyberdin und Myslowski aus der Apotheke mitnehmen sollen.

Berschow und Turkewitsch ziehen sämtliche warmen Sachen über, um gerüstet zu sein, die ganze Nacht da oben zu verbringen und sogar, wenn es sein muß, ohne Schlafsäcke und Zelt unter freiem Himmel zu übernachten. Sie stecken die »Hosenverpflegung«, die »eiserne Ration«, ein (Rosinen, Feigen, Nüsse), schleppen Feldflaschen mit heißem Kompott, Steigeisen für Myslowski, Maske und Reduzierventil für Balyberdin sowie die Medikamente mit. Jeder packt außerdem noch drei Sauerstoffflaschen in den Rucksack: je eine für die da hoch oben steckengebliebenen Kameraden, je zwei für sich selber. Sie hoffen immer noch, ihre letzte Chance nutzen zu können, wenn Myslowski und Balyberdin imstande sein sollten, den Abstieg allein fortzusetzen.

Von der Variante, nachts aufzusteigen, machen sie dem

Basislager keine Mitteilung, um die ohnehin erregten Gemüter dort nicht noch mehr zu beunruhigen. Wenn sich die Möglichkeit zum Gipfelsturm für sie nicht bieten sollte, wollen sie die Flaschen dort zurücklassen, wo sie auf die beiden gesuchten Kameraden stoßen. Dann können Iwanow und Jefimow, die nach ihnen kommen, den Sauerstoff verwenden. Man muß eben alle möglichen Varianten einkalkulieren.

Um sechs Uhr abends verlassen Berschow und Turkewitsch das gemütliche warme Zelt. Jefimow steckt ihnen im letzten Moment noch eine Lampe zu. Rasch verschwinden sie aus dem Blickfeld. Am Himmel steht der Vollmond, und es ist fast windstill. Das Wetter meint es diesmal gut mit ihnen. Das letzte Tageslicht wollen sie noch maximal nutzen. Aus der Brusttasche von Turkewitschs Anorak ragt die Antenne des Sprechfunkgeräts heraus, das auf Empfang eingestellt ist, damit sie ständig die oben befindlichen Kameraden hören können.

Michail Turkewitsch

Er ist der Jüngste der Expedition. Hier im Himalaja wurde er am Tage der offiziellen Eröffnung des Basislagers 29 Jahre alt. Geboren ist er in einem kleinen Dorf in der Ukraine in jenem Jahr, in dem Edmund Hillary und Tenzing Norgay zum erstenmal den Gipfel des Everest bezwungen haben.

Der Bergsteigerei ist er seit zehn Jahren verfallen. Als unerfahrener Neuling trat er dem Klub »Donbass« in Donezk bei, doch schon bald bewährte er sich in den Bergen hervorragend. Dort im Klub lernte er auch Swetlana kennen, ein sympathisches Mädchen, das heute seine Frau ist.

Michails Spezialität ist das Felsklettern; er ist dafür bekannt, daß er schwierigste Felsrouten rasch und sicher begeht. Nicht von ungefähr sagen die Freunde von ihm: »Er geht nicht, sondern er rennt über die Berge.« Er ist mehrfacher Sieger bei nationalen und internationalen Wettbewerben im Felsklettern gewesen.

Dem Bergsteigen in großen Höhen wandte er sich erst verhältnismäßig spät zu. Doch auch hier erreichte er bereits bedeutende Erfolge (viermal bestieg er Siebentausender unseres Landes), weswegen er auch in die Himalaja-Mannschaft aufgenommen wurde.

Turkewitsch arbeitet als Trainer in seinem Heimatklub »Donbass« und hat bereits viele hervorragende Bergsteiger ausgebildet. Im übrigen zweifelt er nicht daran, daß

146/147
Der Weg zum Basislager führt über die Endmoräne des Khumbu-Gletschers; im Hintergrund und auf dem Foto rechts der Pumori, ebenfalls ein Sechstausender

seine Söhne Mischa (6 Jahre) und Dima (3 Jahre) früher oder später ebenfalls zu seinen Zöglingen gehören werden.

Sergej Berschow

Im Unterschied zu Turkewitsch, einem immer zu Scherzen aufgelegten heiteren Menschen, gilt sein Seilgefährte Sergej Berschow als verschlossen und wortkarg. Er ist 34 Jahre alt. Zwanzig davon hat er dem geliebten Bergsteigen gewidmet. Übrigens begann seine sportliche Laufbahn mit Biathlon, wo er recht gute Leistungen erzielte und bald in die Mannschaft der ukrainischen Sportvereinigung »Avantgarde« aufgenommen wurde. Bald aber gab er, für viele unerwartet, den Biathlonsport auf und wandte sich dem Felsklettern zu.

Zähes Training befähigte ihn mit der Zeit, einer der besten Felskletterer des Landes zu werden. Er ist mehrfacher Meister und Preisträger bei sowjetischen Meisterschaften und Sieger in internationalen Kletterwettbewerben gewesen. Auch als Höhenalpinist hat er sich einen Namen gemacht. Drei Siebentausender unseres Landes hat er bestiegen.

Berschow war schon oft im Ausland, wo er die kompliziertesten Felsrouten bewältigte. So kennt er auch das Kaskadengebirge in Nordamerika. Zusammen mit dem Bezwinger des Everest-Westgrats, dem Amerikaner William Unsoeld, hat er die »Wand der Bergführer«, den Cathedral Rock im Yosemite Valley, und eine Reihe anderer Routen am Grand Teton, einem populären Klettergebiet der USA, gemeistert.

Seine erste Frau ist bei einer Bergtour im Kaukasus ums Leben gekommen. Seine zweite – Tatjana – treibt ebenfalls Bergsport. Berschow hat zwei Kinder: Oleg und Marina. Er ist Handwerker – Maler –, der in großen Höhen (an Hochhäusern usw.) arbeitet, und zudem Fernstudent am Kiewer Institut für Körperkultur. Er bereitet sich darauf vor, später auf dem Gebiet des Alpinismus als Trainer zu arbeiten.

Berschow und Turkewitsch, die den Sauerstoffverbrauch auf zwei Liter pro Minute eingestellt haben, kommen rasch und gut voran. Bald erreichen sie den steilen Schutthang, der zum Westgrat hinaufführt. Sie haben wohl ein allzu hohes Tempo angeschlagen, denn das Atmen fällt ihnen zunehmend schwerer. Sie müssen haltmachen, um ein wenig zu verschnaufen. Dann gehen sie weiter bergan, nun ein wenig langsamer, bemüht, den richtigen Bewegungsrhythmus zu finden.

19.00 Uhr. Zeit für den Funkkontakt, Berschow und Turkewitsch können das Basislager und das Spitzenduo gut verstehen. Sie selber sprechen im Gehen, ohne auch nur eine Minute stehenzubleiben. Schneller, nur schneller hinauf! Um so mehr, als sie einige Minuten zuvor gehört haben, wie eine leere Flasche in den Bonington-Couloir hinabpolterte. Das bedeutet, daß Myslowski keinen Sauerstoff mehr hat, und der ohnehin schleppende Abstieg der beiden würde sich nun sicher noch mehr verlangsamen, gar zum Stillstand kommen. Die Zeit drängt.

Schließlich haben sie den Westgrat erreicht. Es beginnt zu dämmern. Nach wie vor ist es beinahe windstill, aber von Süden und aus Richtung Tibet schiebt sich ein dichter Wolkenschleier heran. Von oben meldet man, sie seien bereits zu sehen. Das Funkgerät ist noch immer ständig auf Empfang eingestellt, doch in der Kälte setzt der Akkumulator aus. Die Verbindung kann jeden Augenblick abreißen.

20.00 Uhr. Berschow und Turkewitsch haben den Gürtel rötlicher Felsen überwunden und sind an den Fuß des steilen Felsabschnitts gelangt. Dort stoßen sie unerwartet auf die Reste eines Zeltes. Dann entdecken sie dünne rote Seile, die irgend jemand an die Felsen gehängt hat. (Vom Westgrat an deckte sich der Weg der sowjetischen Alpinisten mit den Routen einiger vorangegangener Expeditionen.) Bei den Seilen finden sie Spuren des Spitzenduos, sie sind also auf dem richtigen Weg.

Es dunkelt. Schneefall setzt ein. Der Mond lugt allerdings von Zeit zu Zeit durch die Wolken und übergießt alles ringsum mit kaltem silbernem Licht. Das Gebirgsrelief nimmt ein völlig anderes Aussehen an, es wird schwierig, sich zu orientieren, Entfernungen richtig abzuschätzen. Die im Mondlicht funkelnden Gipfel des Nuptse und Lhotse scheinen ganz nahe zu sein. Die Schattenseite des Grates, auf dem sie gehen, gähnt ihnen als absolut schwarze, bodenlose Tiefe entgegen. Hoffentlich verfehlen sie die beiden in Not Geratenen nicht: Wenn nun Balyberdin und Myslowski an der anderen Seite des Grates absteigen?

Das Kondensat, das aus den Ventilen der Sauerstoffmasken entweicht, überzieht die Sturmanoraks mit einer dichten Eiskruste; sie knistern bei jeder Bewegung und scheinen jeden Augenblick in Eisstückchen zerspringen

150/151
Nur wenige Kilometer südwestlich vom Tschomolungma erhebt sich der schroffe Gipfel des Nuptse (7968 m); rechts ein Detail von seiner Steilwand

zu wollen. Nach den Berechnungen Berschows und Turkewitschs ist es nicht mehr weit bis zum Gipfel. Sollten Balyberdin und Myslowski in sechs Stunden Abstieg wirklich so wenig geschafft haben? Sie nehmen die Masken ab und rufen so laut sie nur können. Doch sie erhalten keine Antwort!

21.00 Uhr. Sie sind ein Stück weitergegangen, nun steigt Berschow auf die Schneide des Grates und ruft abermals. Und da bekommt er von der anderen Seite her, von jener, die im Mondlicht liegt, Antwort. Nach dreistündigem Aufstieg hören Berschow und Turkewitsch endlich die Stimmen Balyberdins und Myslowskis. Etwa zwanzig Meter tiefer heben sich deren Gestalten dunkel von dem bläulich schimmernden Schnee ab. Der eine steht, die Arme auf einen Stein gestützt, der andere sitzt unter einem riesigen Felsblock.

Rasch steigen Berschow und Turkewitsch die Gratflanke hinab. Myslowski (er ist es, der unter dem Felsblock sitzt) erhebt sich, als sie herankommen, setzt sich aber sofort wieder.

»Wie geht's euch?« fragt Turkewitsch.

»Alles in Ordnung«, antwortet Myslowski.

»Sehr kalt ist's ... und schwer ...« fügt Balyberdin hinzu.

Die beiden bringen die Worte nur mit Mühe über die Lippen, mit langen Pausen dazwischen, um Atem zu holen. Ihre Kräfte sind restlos erschöpft. Vor allem benötigen sie auf der Stelle den rettenden Sauerstoff. Sie bekommen die Masken aufgesetzt und schließen die Flaschen an. Nach einigen Minuten kommen sie zu sich und können wieder normal sprechen. Sie trinken das noch warme Kompott, kauen Feigen und Nüsse und schlucken die tonisierenden Tabletten, die der fürsorgliche Orlowski aus der Apotheke von Lager V mitzunehmen geraten hat.

In dem Beutel, der Myslowski den Rucksack ersetzt, befinden sich die kostbaren Steine vom Gipfel des Everest. Selbst in dieser Situation hat er sich nicht von ihnen getrennt. Balyberdin versichert, daß er, sobald er sich etwas erholt habe, den unterhalb des Gipfels zurückgelassenen Rucksack und die Steigeisen holen werde.

Nachdem Balyberdin und Myslowski Sauerstoff geatmet und sich ein wenig gekräftigt haben, tauen sie merklich auf, beginnen zu scherzen, fühlen sich offenbar wieder voll »auf der Höhe«.

»Was meint ihr, Jungs, schafft ihr den Abstieg allein?« fragt Berschow.

»Aber ja!« antwortet Balyberdin, der wohl begreift, was hinter dieser Frage steht, und er fügt hinzu: »Bis zum Gipfel sind es drei, vier Stunden.«

Das erscheint wenig glaubhaft. Nach Berschows und Turkewitschs Berechnungen hat die Begegnung mit der ersten Sturmseilschaft in etwa 8750 Meter Höhe stattgefunden. Wahrscheinlich sind bei Balyberdin infolge des Sauerstoffmangels die Begriffe für Zeit und Raum ein wenig durcheinandergeraten.

21.30 Uhr. Im Basislager, wo man schon seit mehreren Stunden völlig im ungewissen darüber ist, was oben vor sich geht, ertönt Turkewitschs Stimme aus dem Funkgerät:

»Wir haben ihnen Sauerstoff und etwas zu essen gegeben. Bis zum Gipfel sind es noch anderthalb bis zwei Stunden ...«

»Basis! Basis! Hier Seilschaft I,« schaltet sich Balyberdin ein. »In meinem Funkgerät geht die Batterie zu Ende ... antwortet schnell. Die Kameraden wollen auf den Gipfel. Wir fühlen uns normal, steigen allein ab. Können sie losziehen?«

»Nein!« unterbricht Tamm ihn kategorisch.

»Warum denn nicht? Jetzt scheint der Mond, und es ist windstill. Wir werden die beiden bald wieder eingeholt haben«, schreit Berschow, der Balyberdin das Funkgerät aus den Händen gerissen hat.

In diesem Augenblick setzt wie aus Niedertracht das Gerät aus, sie können die Antwort des Expeditionsleiters nicht mehr hören. Tamm, der die ganzen letzten Stunden den fernen zum Gipfel hinaufführenden Grat nicht aus den Augen gelassen hat, macht sich so seine Gedanken:

›In der Tat, warum eigentlich nicht? Es ist zu überlegen, doch die ganze Zeit irritiert, bedrückt einen einfach der Gedanke, die Verbindung könne jeden Augenblick wieder abreißen. Gesetzt den Fall, sie steigen ins Lager V ab, aber dort sind ja schon zwei. Sechs Mann in dem kleinen Zelt, und zwei von ihnen völlig entkräftet und hilflos. Das ist weder eine Erholung für diejenigen, die den langen Abstieg allein fortsetzen sollen, noch für jene, die zum Gipfelangriff antreten wollen. Und der Sauerstoff! Wird der reichen?‹

Zum Glück funktioniert Balyberdins Funkgerät noch, und man vernimmt oben Tamms Frage:

154/155
Der Mount Everest vom Kloster Thangboche aus (links) und aus Richtung Cho Oyu (rechts) gesehen

»Wieviel Sauerstoff habt ihr noch?«

»300 Atmosphären für jeden«, antwortet Berschow prompt.

»Gut ... Also zieht los ...«, ist nach einer kleinen Pause aus dem Äther zu hören.

Die Erlaubnis der Basis zur nächtlichen Erstürmung des Everest haben sie also. Das letzte Wort aber haben Balyberdin und Myslowski – so ist es nun einmal Gesetz unter Bergsteigern. Als Berschow und Turkewitsch ihnen zu Hilfe kamen, wußten diese sehr wohl, daß das Schicksal der Kameraden weitgehend von ihnen abhing. Nun lag ihr eigenes sportliches Schicksal in den Händen derer, denen sie rechtzeitig Hilfe gebracht hatten.

Balyberdin und Myslowski versichern, daß sie sich normal fühlen und langsam allein nach unten gehen können. Ihnen ist freilich klar, daß ihnen das nicht leichtfallen wird, aber Berschow und Turkewitsch ihrer Chance berauben, den Gipfel zu bezwingen, bis zu dem es nur noch ein Katzensprung ist – nein, das bringen sie nicht über sich.

21.40 Uhr. Berschow und Turkewitsch steigen auf. Während der erzwungenen Rast sind ihnen Finger und Zehen erstarrt, sie müssen sich beim Gehen erst wieder erwärmen. Bald sehen sie Balyberdins Steigeisen im Schnee liegen, ein Stück weiter, hinter einem Felsen vorm Gipfel, auch seinen Rucksack. Sie überwinden den schwierigen Felsabschnitt. Als sie den scharfen Grat erklommen haben, erblicken sie die Scharte beim Everest-Südgipfel. Der flache Schneehang beginnt. Sie stellen den Sauerstoffverbrauch auf Maximum ein – vier Liter pro Minute – und stapfen in flottem Tempo hintereinander dem nun schon nahen Ziel zu.

22.45 Uhr. Der Gipfel. Turkewitsch ist der 114. Bezwinger des Everest, Berschow der 115. Sie ziehen die vereisten Fäustlinge aus und drücken einander die Hände. Zu stürmischeren Gefühlsausbrüchen reichen die Kräfte nicht. Sie sehen auf die Uhr – der Aufstieg vom Treffpunkt mit der ersten Seilschaft an hat nicht länger als sechzig Minuten gedauert.

Der Schnee auf dem ersehnten, im Mondlicht bläulich schimmernden Gipfel knirscht unter ihren Füßen. Zeitweilig hüllen Schneewolken die Bergsteiger ein, die dann in undurchdringlichem Nebel stehen. Sie befestigen die Wimpel mit den Abzeichen an der Spitze des Aluminiumdreifußes. Turkewitsch bindet seine leere Sauerstoffflasche an die von der ersten Zweierseilschaft zurückgelassene. Sie nehmen die Masken ab, um die Luft auf dem »Scheitel« unseres Planeten in vollen Zügen einzuatmen.

Dann versuchen die beiden, der Expeditionsleitung die Kunde von ihrem Sieg zu übermitteln. Doch das Basislager antwortet nicht. Offenbar ist mit ihrer Batterie wieder etwas nicht in Ordnung. Der Funker der Expedition hat ihnen später erzählt, daß sie unten nur die Worte »Basis! Basis!« vernommen hätten, dann aber nichts weiter. Alle hatten gehofft, daß sich die beiden wieder meldeten, und sich die ganze Nacht nicht schlafen gelegt, weil sie fürchteten, die Nachrichten von oben zu verpassen. Doch das Funkgerät hätte sich weiter in hartnäckiges Schweigen gehüllt – bis zum Morgen. Bis zum Morgen wußte man im Basislager und im Lager V nicht, was oben vor sich ging.

Berschow und Turkewitsch wollen einander vor dem Hintergrund des nächtlichen Himalaja fotografieren, doch die vielgepriesene »Rolley«, die ihnen der Kameramann im Basislager mitgegeben hat, ist hoffnungslos eingefroren. Die weit weniger bekannte sowjetische »Smena« dagegen funktioniert tadellos. Nur das Kunstlederfutteral zerfällt bei der herrschenden Kälte von minus 40 °C bei der ersten Berührung in lauter winzige Stückchen.

Ihre Augen haben sich so an die Dunkelheit gewöhnt, daß es ihnen, wenn der Mond aus den Wolken hervorlugt, hell genug zum Fotografieren zu sein scheint. Gleich nach der Rückkehr nach Moskau haben sie den belichteten Film zum Entwickeln in ein Spezialinstitut gegeben. Doch selbst die Spezialisten konnten keine einzige Aufnahme retten.

22.55 Uhr. Eine halbe Stunde verbringen Berschow und Turkewitsch auf dem Gipfel, dann beginnen sie mit dem Abstieg. Sie müssen sich beeilen, wenn sie die unten zurückgebliebenen Kameraden einholen wollen. Das Wetter verschlechtert sich. Zur Erinnerung nehmen sie je eine Handvoll Steine mit. Unterwegs lesen sie Balyberdins Steigeisen auf, die ihnen beim Abstieg zupasse kommen, denn der frischgefallene Schnee macht die geneigten Platten, die sie auf dem Weg zum Lager V zu überwinden haben, gefährlich und schwer begehbar.

Eben um jene Zeit nähern sich Balyberdin und Myslowski dieser »Dachziegeltreppe«. Mit Sauerstoff fällt ihnen der Abstieg zwar weit leichter, doch sie kommen nach wie vor nur ziemlich langsam voran. Nach dem

158/159
Namenloser Sechstausender in der Umgebung des Mount Everest

reichlichen Schneefall sieht alles rundum ganz anders aus. Da sie von der eigentlichen Route etwas nach links abgekommen sind, beschließen sie, auf die Kameraden zu warten. Über die gleichsam glattpolierten und mit Schnee überzogenen schrägen Platten ohne Steigeisen abzusteigen wäre sehr riskant.

Myslowski hält inne und setzt sich hin. »Die Zeit schien stillzustehen«, schrieb er später in seinem Tagebuch. »Gedankenleere herrschte im Kopf. Eine Art Erstarrung ergriff mich. So ähnlich fängt wahrscheinlich der Winterschlaf beim Bären an.«

»Ich hatte schon die letzten Tabletten geschluckt, die dem ausgelaugten Organismus aus nichts neue Kräfte zuführen sollen«, lesen wir im Tagebuch Balyberdins. »Berschow hatte mir beim Zusammentreffen gesagt, zwei, drei Stück seien die richtige Dosis, nach vierzig Minuten laufe man wie ein Wiesel. Doch weder nach vierzig Minuten noch nach vier Stunden spürte ich eine Wirkung, obwohl ich inzwischen den ganzen Vorrat geschluckt hatte! Es gibt eben keine Wunder. Ein abgehetztes Pferd bringen weder Peitsche noch Hafer noch der Tierarzt so schnell wieder auf die Beine.«

Dennoch geht es Balyberdin noch besser als seinem Gefährten. Er zwingt sich, ein Stück weiterzustapfen, um die Route besser im Blickfeld zu haben. In diesem Augenblick werden sie von Berschow und Turkewitsch bemerkt, die vom Gipfel zurückkehren. Im Mondlicht sehen diese deutlich, daß der eine sitzt, während der andere sich auf den Abgrund zubewegt, wie es ihnen von oben aus scheint. »Bleibt stehen! Wartet auf uns!« schreit ihnen Berschow zu, sich die Maske vom Gesicht reißend, so laut er nur kann. Die sich bewegende Gestalt hält inne.

23.55 Uhr. Berschow und Turkewitsch haben Balyberdin und Myslowski eingeholt. Der 4. Mai, der längste und arbeitsreichste Tag in der Geschichte der Expedition, geht zu Ende. Ein neuer Tag beginnt. Der kräftezehrende Abstieg der vier Sieger über den Everest ins Lager V geht weiter.

5. Mai

Sie bewegen sich sehr langsam, suchen eine einigermaßen ebene Stelle, wo Balyberdin und Myslowski die Steigeisen anlegen können. Ohnehin völlig erschöpft, müssen sie zusätzliche Kräfte mobilisieren, um auf den eisglatten Platten nicht auszugleiten. Diesen schwierigen Abschnitt überwinden die vier so: Berschow geht voran, bis sich das 45-Meter-Seil straff spannt, das ihn mit Turkewitsch verbindet. Am Seil gesichert und sich daran festhaltend, steigen Myslowski und Balyberdin ebenfalls ab.

Dann sichert Berschow sie wieder alle von unten. Und das Ganze wiederholt sich insgesamt mehrere Stunden lang. Myslowski gleitet ständig aus und hängt dann am Seil. Wind kommt auf. Die Kälte nimmt immer mehr zu. Der Mond beginnt hinterm Horizont zu versinken.

Plötzlich setzt sich Myslowski auf eine Platte, seine Beine baumeln über dem Abgrund. »Schluß! Hier gefällt's mir. Weiter gehe ich nicht.« Sie schauen auf das Manometer. Natürlich – der Sauerstoff ist ausgegangen! Die Reaktion ist durchaus erklärbar.

Berschow gibt ihm die eigene Flasche und spürt alsbald, was es heißt, in einer solchen Höhe ohne das lebenspendende Gas auszukommen: »Hände, Füße, Gesicht, ja selbst die Augen (ich hatte nie geahnt, daß so etwas möglich wäre) waren wie erstarrt. Ich nahm die nun überflüssige Maske ab – sofort biß der Frost in die Nase, die Wimpern froren an. Ich gehe längst nicht mehr so flott. Meine Bewegungen, meine Gedanken sind wie gebremst.«

Mit Mühe überreden sie Myslowski, den Weg fortzusetzen. Er wird böse und ist überzeugt, daß Balyberdin alle aufhält. Er begreift nicht, daß dieser hinter ihm geht und ihn sichert. Typische Symptome von Bergkrankheit. Obwohl er nun wieder Sauerstoff atmet, ist sein Organismus nicht imstande, sich in dieser Höhe völlig zu regenerieren.

Schließlich haben sie eine mehr oder weniger ebene Stelle erreicht. Turkewitsch zieht die Handschuhe aus und legt Myslowski und Balyberdin die Steigeisen an. Dabei muß er alle Augenblicke die Hände durch Reiben erwärmen: Die Finger bleiben im Nu am Metall kleben. Dieses »Umziehen« nimmt eine weitere halbe Stunde der nun so kostbaren Zeit in Anspruch.

Um vier Uhr morgens ist der Mond endgültig hinter dem Horizont verschwunden. Alles versinkt in tiefer Finsternis. Der vorangehende Turkewitsch sucht mit der Lampe nach einem Weg. Der Abstieg fordert ihnen die letzte Kraft ab, doch sie setzen verbissen, fast tastend (die Batterie der Lampe wurde bei der Kälte schwächer und schwächer) ihren Weg ins rettende Lager V fort, wo Iwanow und Jefimow sie voller Unruhe und Ungeduld erwarten.

Da Berschow und Turkewitsch beim Aufstieg das Funkgerät mitgenommen hatten, wußten die Zurückgebliebenen nicht, was oben vorging. Sie konnten nur warten. Jefimow steckte immer wieder den Kopf aus dem Zelt, lauschte und rief. Die Ungewißheit ließ ihnen keine Ruhe. Sie zogen sich an und liefen einige hundert Meter. Hinter dem Westgrat aber war die letzte Etappe zum Gipfel nicht einzusehen. Ohne zusätzlichen Sauerstoff weiterzugehen hätte keinen Sinn gehabt, ihn vergeuden aber durften sie nicht.

Von den vier Kameraden war nichts zu sehen und zu hören. Am meisten beunruhigte sie der Gedanke, daß die zurückkehrenden Gipfelstürmer die Stelle auf dem Grat, wo es zum Lager V hinunterging, verfehlen könnten. Dann konnte alles schlimm ausgehen. Immer wieder hallten die lauten Rufe Iwanows und Jefimows, die auf diese Weise ihren Kameraden eine Orientierungshilfe zu geben hofften, durch die Stille der Bergwelt. Keine Antwort! So kehrten sie ins Zelt zurück und krochen, ohne sich auszuziehen, wieder in die Daunenschlafsäcke.

Sie schalteten das Radio ein, erwischten den Sender Moskau. In den Nachrichten kam die Meldung, daß zwei sowjetische Bergsteiger den Everest bezwungen hätten. Sehr gut! Aber wo sind die zwei jetzt? Völlig ungewiß. Vielleicht hatten sie sich im Schnee eingegraben und warteten die Nacht ab? Wohl kaum. Sie waren wahrscheinlich auf dem Weg nach unten. Sie selbst mußten sich unbedingt ausruhen, sonst wären sie im Notfall auch keine große Hilfe.

Iwanow und Jefimow waren ohne Sauerstoff geblieben. Ihren Vorrat für die Nacht hatten sie Berschow und Turkewitsch für das in Not geratene Spitzenduo mitgegeben. Im Zelt standen lediglich noch je zwei Sauerstoffflaschen, die »eiserne Ration« – ihre einzige Chance, selber noch den Gipfel zu bezwingen. Sie versuchten einzuschlafen, vergeblich. Die Muskeln verkrampften sich, der Kopf zersprang ihnen fast vor dumpfem Schmerz. Sie schlossen die Schläuche an die beinahe leere Flasche Turkewitschs an, die dieser im Zelt zurückgelassen hatte. Selbst diese minimale, mehr symbolische Sauerstoffdosis reichte aus, daß sie augenblicklich einschlummerten.

Bald war die Flasche endgültig leer. Sie erwachten wieder, schauten auf die Uhr. Drei Uhr morgens. Vor mehr als zwanzig Stunden waren Balyberdin und Myslowski zum Gipfel aufgebrochen, vor neun Stunden hatten sich

Berschow und Turkewitsch aufgemacht, um ihnen zu Hilfe zu kommen. Iwanow und Jefimow krochen abermals aus dem Zelt. Der Mond war verschwunden. Stockfinstere Nacht. Sie begannen wieder zu rufen, ohne jedes Ergebnis. Sobald es tagte, würden sie nach oben gehen müssen.

Sie kehrten ins Zelt zurück, zündeten den Primuskocher an und kochten sich Haferbrei. Da sie kein Salz hatten, würzten sie ihn mit rotem Kaviar und verzehrten langsam dieses höchst eigenartige Gericht. Fast im Nu brach der Tag an, wurde alles ringsum von grünlich-bläulichem Licht übergossen. Ihre Stimmung hob sich, sie fühlten sich sogar irgendwie kräftiger.

Sie bereiten sich langsam zum Aufbruch aus dem Lager vor. Gegen sechs Uhr morgens hören sie ganz unerwartet Stimmen, und als erster kriecht Berschow ins Zelt.

»Wohlauf?«

»Ja.«

»Wart ihr oben?«

»Ja.«

Hinter ihm taucht Turkewitsch auf. Zu viert helfen sie Myslowski und Balyberdin, ins Zelt zu schlüpfen. Fast vierundzwanzig Stunden sind diese beiden schon unterwegs gewesen – acht Stunden bis zum Gipfel und fünfzehn Stunden zurück zum Lager V. Es war ein langer, unendlich mühseliger Weg. Wohl der schwerste in ihrem Bergsteigerleben.

Lesen wir, was Balyberdin später in sein Tagebuch schreibt. Freimütig berichtet er darin, ohne irgendwelche Bedenken, dadurch den Wert seines Sieges über den Everest zu schmälern: »Ich weiß nicht, wie lange ich noch durchgehalten hätte. Als mir der Sauerstoff ausging (der, den Berschow und Turkewitsch mitgebracht hatten – D. M.), mußte ich alle paar Meter verschnaufen. Ich hatte nicht das Gefühl, daß meine Kräfte jeden Augenblick zu Ende gehen könnten. Die waren schon lange zu Ende. Der Organismus befand sich sozusagen in einem Zustand der Gleichgültigkeit, wobei man nicht wußte, würde er unentwegt weiterarbeiten, wie ein Perpetuum mobile, ohne Zufuhr von Energie von außen, oder würde er in einem nicht vorhersehbaren Moment plötzlich versagen. Mir schien's, als wäre ich mit dem letzten Quentchen Kraft ins Zelt gekrochen. Doch war es wirklich das allerletzte Quentchen? Und was kommt danach? Niemals in meinem Bergsteigerleben war ich wohl dem Ende so nahe. Und bis heute kann ich nicht verstehen, was die Ursache war, worin der Fehler bestand ...«

Schließlich befinden sich alle vier in der Wärme des Zeltes, wo es zu essen und zu trinken gibt. Wo man sich ausruhen kann, regungslos und ohne Angst, zu erfrieren. Iwanow und Jefimow helfen Balyberdin und Myslowski, dessen Finger und Zehen schwarz sind, beim Ausziehen. Balyberdins Befinden ist etwas besser. Obwohl auch seine Finger und Zehen abgestorben sind, haben sie doch eine normale Farbe, das heißt, in einigen Tagen werden sie wieder in Ordnung sein.

Um sieben Uhr morgens (in der Wärme des Zeltes ist das Funkgerät gewissermaßen »aufgetaut« und funktioniert wieder) melden sie dem Basislager die erfolgreiche nächtliche Bezwingung des Everest. Sie bitten Orlowski, den Doktor, ans Gerät, da sein fachkundiger Rat vonnöten ist. Im Lager V befindet sich, wie übrigens in den anderen auch, alles Notwendige, damit bei Erfrierungen und Verletzungen erste Hilfe geleistet werden kann. Der ärztlichen Empfehlung folgend, wählt Berschow die entsprechenden Tabletten aus und verabreicht Myslowski gefäßerweiternde Spritzen. Die Jungs kommen nach und nach wieder zu sich und schlafen bald ein.

Zu sechst ist es sehr eng im Zelt. Iwanow und Jefimow kriechen hinaus und machen sich draußen lange zu schaffen; sie versuchen, in der Kälte die Steigeisen anzulegen, doch es gelingt nicht, und so zwängen sie sich erneut unter die Plane. In den zwanzig Minuten haben sie sich bis zur Unkenntlichkeit verändert: Bei allen sind die Gesichter mit Reif bedeckt, und ihre Kleidung ist ganz steif vor Kälte.

In der Wärme glückt es ihnen schließlich, die »widerspenstigen« Steigeisen an den Stiefeln zu befestigen. Um 6.30 Uhr nehmen Iwanow und Jefimow die beiden »unantastbaren« Flaschen (der Inhalt würde bei einem Verbrauch von zwei Liter Sauerstoff pro Minute zehn Stunden reichen) und verlassen Lager V.

Walentin Iwanow

40 Jahre. Kapitän der Himalaja-Mannschaft. Träger des Ehrentitels »Schneeleopard«. Elfmal hat er Siebentausender der Sowjetunion bezwungen, davon siebenmal als Leiter, viermal auf Routen höchsten Schwierigkeitsgrades. Fünf Erstbegehungen kommen auf sein Konto. Er hat schwierigste Felsrouten in den Französischen Alpen gemeistert und auch den nördlichsten Sechstausender unse-

res Planeten bezwungen, den Mount McKinley (6 103 m) in Alaska.

Mit einem Wort, Walentin zählt zu den angesehensten sowjetischen Bergsteigern. Auf seinem Weg zum Leistungssport hat er übrigens anfangs nicht viel Lorbeeren gesammelt. In der Kindheit versuchte er sich ernsthaft im Schwimmen und Laufen, doch man hatte ihn, wie er selber freimütig gesteht, »überall hinausgeworfen und ihm geraten, es doch lieber mit Dame oder Schach zu probieren«.

Als er ein Studium an der Moskauer Technischen Hochschule »N. E. Baumann« aufgenommen hatte, trat er zusammen mit einigen Studienfreunden der Sektion Alpinismus bei. »Von großen Erfolgen träumte ich damals nicht. Ich wollte einfach einmal ›richtige Berge‹ kennenlernen«, erinnert sich Iwanow.

Dort begegnete Walentin auch seiner zukünftigen Frau Tatjana. Sie ist jetzt ebenfalls eine erfahrene und bekannte Bergsteigerin, hat mehrmals Siebentausender im Pamir bestiegen, zum Ehrentitel »Schneeleopard« fehlt ihr lediglich noch der Pik Pobeda im Tienschan. Ihre Töchter Irina (15 Jahre) und Swetlana (8 Jahre) lieben zwar gleichfalls die Berge, und die Eltern nehmen sie auch immer dorthin mit, doch im übrigen ziehen sie Schwimmsport und Choreographie vor.

Walentin Iwanow arbeitet als Sektorenleiter am Institut für hohe Temperaturen der Akademie der Wissenschaften der UdSSR. In der freien Zeit, die ihm die Arbeit und die Berge lassen, beschäftigt er sich mit seinen Töchtern oder denkt sich weitere »Verbesserungen« in der Wohnung aus. »Er ist sehr praktisch veranlagt und werkelt ständig herum«, sagt Tatjana von dem häuslichen Neuerertum ihres Mannes.

Sergej Jefimow

Er wurde 1944 in Swerdlowsk (Ural) geboren. In der Schule begeisterte er sich für verschiedene Sportarten: Ski- und Eisschnellauf, Fuß- und Basketball. Als er am Polytechnischen Institut Swerdlowsk studierte, trat er eher zufällig in die Sektion Alpinismus ein. Seitdem widmet er den Bergen einen großen Teil seiner Freizeit. Anfangs konzentrierte er sich auf Felsklettern, dann fand er am Bergsteigen in großen Höhen Gefallen.

Jefimow ist mehrfacher Landesmeister. Sechsmal hat er Siebentausender der Sowjetunion bezwungen und auch auf den Gipfeln des Mount McKinley in Alaska sowie des

Montblanc gestanden. Sein erster Trainer erklärt Sergejs Erfolge so: »Er besitzt eine bewundernswerte Kaltblütigkeit. Hinzu kommen Entschlossenheit, die Fähigkeit, ein einmal gestecktes Ziel zu erreichen, ohne sich dabei den Kopf einzurennen, er kalkuliert vielmehr nüchtern alle Umstände, das Wetter, die Gefahren einer schwierigen Route ein.«

Sergej ist ein vielseitiger Spezialist. Er hat zum Beispiel die Technologie der Anfertigung von Daunenjacken für die Himalaja-Expedition erarbeitet und war an der Neukonstruktion der Steigeisen, der Eishaken, der »Autoklaven« (Schnellkochtöpfe) beteiligt, die die Hälfte des normalerweise nötigen Brennstoffs einsparen.

»Diszipliniert, hilfsbereit, ehrlich, kommunikationsfreudig«, so charakterisierten ihn die Psychologen, die an der Vorbereitung der Expedition beteiligt waren. Seine Kameraden teilen diese Meinung voll und ganz, und es ist kein Wunder, daß Sergej der Liebling aller ist. Er zeichnet hervorragend, spielt Gitarre und singt nicht schlecht, er fotografiert gut und führt gewissenhaft Tagebuch über seine Besteigungen.

Nach Abschluß des Studiums blieb Jefimow an seinem Institut. Er ist dort als wissenschaftlicher Mitarbeiter am Lehrstuhl für experimentelle Physik tätig. Obwohl Frau und Tochter seine Liebe zu den Bergen nicht teilen, haben sie doch, nach Sergejs Worten, »schon längst begriffen, daß dagegen kein Kraut gewachsen ist, und sich damit abgefunden«.

Iwanow und Jefimow kommen auf dem Weg zum Gipfel ziemlich langsam voran: Bald springen bei dem einen, bald bei dem anderen die Steigeisen ab. Sie bleiben häufig stehen, um einander beim Wiederanlegen zu helfen. »Es war zum Auswachsen! Jahrelang hatten wir uns auf diesen Tag vorbereitet, unzähligemal die Ausrüstung angepaßt, verbessert, durchdacht, ausprobiert – und nun dieses Theater! Ich hatte den Eindruck, daß wir mehr saßen als gingen«, verzeichnete Iwanow später in seinem Tagebuch.

Als sie den Grat erreicht haben, stoßen sie immer wieder einmal auf Spuren vorangegangener Expeditionen: auf eine an einer Felswand hängende jugoslawische rote Reepschnur, eine gelbe Sauerstoffflasche, die wahrscheinlich im Vorjahr japanische Bergsteiger liegengelassen haben; wegen der späten Tageszeit waren diese damals umgekehrt, obwohl nur etwa hundert Meter Höhenunterschied sie vom Ziel trennten.

Später stoßen sie auf den Rucksack Balyberdins. Jefimow kann ihn kaum vom Boden losreißen. Darin stecken die Filmkamera, das Funkgerät sowie einige Kilo Steine vom Gipfel. Balyberdins »Siegestrophäen« lassen sie im Rucksack zurück, die Expeditionskamera nehmen sie mit nach oben.

Bald befinden sich Iwanow und Jefimow in Höhe des Südgipfels. Der Hauptgipfel, in Wolken gehüllt, liegt irgendwo ganz in der Nähe. Ohne sich zu beeilen, aber siegessicher legen sie die letzten Meter zurück. Nur einmal bleiben sie stehen, als Iwanow der Sauerstoff ausgeht. Sie wechseln die Flasche und setzen den Weg zum ersehnten Ziel fort. 13.30 Uhr haben sie es erreicht.

»Basis, Basis. Hier der Gipfel! Hört ihr mich? Gehe auf Empfang«, ertönt Iwanows Stimme im Basislager.

»Basis hört, Basis hört. Wo befindet ihr euch?« fragt Tamm zurück, der nicht genau verstanden hat.

»Wir stehen auf dem Gipfel«, antwortet Iwanow.

»Ich gratuliere, Glückwunsch«, erklingt es von unten.

Als erstes wollen sie das Panorama aufnehmen, solange es nicht von Wolken verhüllt ist. Doch die eingefrorene Kamera funktioniert nicht. Sie lassen den Kameramann Dmitri Kowalenko ans Funkgerät holen.

»Dmitri, sag uns doch mal, was wir mit der Kamera machen sollen. Sie dreht sich nicht.«

»Ihr Prachtkerls, auch ich beglückwünsche euch«, bekommen sie zur Antwort, »steckt die Kamera zehn bis fünfzehn Minuten unter eure Daunenjacke, dann müßte sie wieder funktionieren.«

Jefimow schiebt die Kamera unter seine Jacke, und tatsächlich funktioniert sie bald wieder. Er beginnt das Panorama zu filmen, da bemerkt Iwanow, daß der Bildzähler nicht arbeitet. Sie öffnen die Kamera: Die Kassette, die schon Balyberdin benutzt hat, ist zu Ende. Sie versuchen, eine neue einzusetzen, für ungeübte Hände in dieser Kälte eine recht schwierige Sache. Ein leichter Druck, eine unvorsichtige Bewegung, und der Film zerbricht. Die eine Kassette ist endgültig hin, es bleibt nur noch die letzte. Mit Mühe und Not setzen sie den Film ein, sind sich aber keineswegs sicher, ob sie alles richtig gemacht haben. Dennoch probieren sie. Diesmal nimmt Iwanow die Kamera: »Ich trete an den Rand des Gipfels, richte die Kamera auf das unten am Rongbuk-Gletscher gelegene

Lager der amerikanischen Expedition, nehme Jefimow ins Visier, der gerade den Wimpel des Polytechnischen Instituts Swerdlowsk am Dreifuß befestigt. Von ihm schwenke ich nach unten auf die benachbarten Berge. Ich bin begeistert, es ist das Schönste, was ich je im Leben aufgenommen habe. Doch plötzlich streikt die Kamera abermals, Serjoscha öffnet sie – ›Filmsalat‹! Es ist zum Heulen! Aber da ist nichts zu machen, der Film ist zu Ende. Wir nehmen die Kassette heraus, lassen die Kamera auf dem Gipfel zurück. Nun kommen unsere Fotoapparate zum Einsatz.«

Mit den Fotoapparaten gelingen ihnen wunderschöne Aufnahmen vom Panorama des Himalaja. Auf Bitte des Begleitoffiziers im Basislager schildern sie immer wieder ausführlich, was sie auf dem Gipfel und rundum erblikken. Auf dem Rongbuk-Gletscher sind zwei kleine dunkle Punkte zu sehen, die sich dem amerikanischen Lager nähern. (Gleichzeitig mit der sowjetischen Expedition versuchten von Norden her zwei weitere, eine amerikanische und eine englische, den Everest zu bezwingen. Wegen des schlechten Wetters verzichteten beide Expeditionen einige Tage später, nachdem sie mehrere Leute verloren hatten, auf den Gipfelsturm.)

Iwanow und Jefimow verbringen anderthalb Stunden auf dem Gipfel. Kurz vor dem Abstieg tönt die Stimme des TASS-Korrespondenten Juri Rodionow im Äther:

»Jungs, wenn ihr könnt, sagt für die Presse, für die Leser in der Sowjetunion ein paar Worte darüber, was ihr dort oben auf dem Gipfel empfindet.«

Walentin Iwanow, Kapitän der Himalaja-Mannschaft, gibt vom höchsten Punkt unseres Planeten herab weit mehr als nur ein paar Worte von sich:

»Von dieser höchsten Tribüne der Welt aus möchten wir das gesamte Kollektiv unserer Expedition zu dem großen Erfolg, zu der geleisteten gewaltigen Arbeit beglückwünschen. Eine wahre Titanenarbeit! Solche Routen werden im allgemeinen nicht oft begangen und sind nur von einem wirklich guten Kollektiv zu bewältigen. Mein Gruß und Glückwunsch gilt den Bergsteigern unseres ganzen Landes, die lange auf diesen Erfolg im Himalaja gewartet haben. Ich grüße von hier aus alle Rundfunkhörer und Leser, alle unsere zahllosen Helfer auf den vorbereitenden Etappen dieses grandiosen Unternehmens. Ihnen allen noch einmal ein großes Dankeschön! Ich möchte nochmals betonen, daß wir diese Everestbesteigung dem 60. Jahrestag der Gründung unseres Staates, der Union der Sozialistischen Sowjetrepubliken, gewidmet haben!«

Einige Stunden später waren diese Worte in Moskau zu hören. Noch waren sie nicht im Äther erklungen, und noch standen sie nicht in den Zeitungen, da kannte man sie schon. Sie erfüllten all jene mit Stolz, die mit der Himalaja-Expedition besonders verbunden waren, die bei deren Vorbereitung Herz und Hand für ihr Gelingen eingesetzt hatten.

Diese Worte umfaßten mehr, als es auf den ersten Blick scheint. Sie waren eine Art Bilanz des langen Weges, den der sowjetische Alpinismus zurückgelegt hat. Sowohl die Anstrengungen der besten Organisatoren des Bergsports, der Lehrer ganzer Generationen von sowjetischen Bergsteigern, als auch die glanzvollen Siege der besten Alpinisten des Landes auf den schwierigsten Routen faszinierender Gipfel – dies alles, all die Schritte, die zum Gipfel unseres Planeten geführt haben, schwang darin mit.

Sie waren die Ersten

Ende August 1923 bestiegen achtzehn sowjetische Bergsteiger, darunter fünf Frauen, den mit ewigem Schnee bedeckten Gipfel des herrlichen Kasbek (5043 m) im Kaukasus, Anfang September folgten weitere acht. Sechsundzwanzig Menschen innerhalb einer Woche auf ein und demselben Gipfel – eine solche Massenbesteigung hatte es noch nicht gegeben. Nicht zufällig gilt daher das Jahr 1923 als das Geburtsjahr des sowjetischen Alpinismus.

Einige Jahre später wurde die »Gesellschaft für proletarischen Tourismus und Exkursionen« und in deren Rahmen eine zentrale Sektion Bergsteigen gegründet. Ihr Vorsitzender war W. Semjonowski, der als Revolutionär einst in der Illegalität gewirkt hatte. Während der Emigration in der Schweiz hatte er Gefallen am Alpinismus gefunden und einige Zeit als Bergführer gearbeitet, wobei er auch sehr schwierige Routen meisterte. Nach dem Sieg der Oktoberrevolution war Semjonowski in die Heimat zurückgekehrt und zu einem aktiven Propagandisten des Bergsports geworden.

Mit der Gründung einer zentralen Sektion Bergsteigen hatte der Alpinismus in der Sowjetunion offizelle Anerkennung gefunden, obwohl er sich in jenen für den jungen Sowjetstaat schweren Jahren nur langsam und unter Schwierigkeiten entwickelte. Probleme gab es mehr als genug: Es fehlte an Mitteln für den Bau von Schutzhütten im Hochgebirge, an erfahrenen Trainern, an Spezialausrüstung, an Lehrmaterial und anderem.

Doch nach und nach ging es aufwärts. Der unermüdliche Semjonowski organisierte im Kaukasus die erste Lehrfahrt zur Ausbildung alpinistischer Trainer. Er gab auch die Bücher »Gebirgstourismus« und »Alpinistik« heraus, die den sowjetischen Bergsteigern als grundlegendes Lehrmaterial dienten.

Dennoch blieben die Erfahrungen der sowjetischen Alpinisten vorerst auf die Fünftausender des Kaukasus beschränkt, während ihre ausländischen Zunftgenossen bereits erfolgreich Siebentausender bezwangen und sich zum Sturm auf die Himalajariesen rüsteten, die mehr als achttausend Meter hoch aufragen. Diese Diskrepanz in den Erfolgen schmolz jedoch mehr und mehr dahin.

Die in den Bergen des Kaukasus gesammelten Erfahrungen sollten sich noch auszahlen. Die sowjetischen Alpinisten gewannen an Selbstbewußtsein und nahmen, von ihren Fähigkeiten überzeugt, die höheren und schwierigeren Gipfel des Pamir und des Tienschan in Angriff. Diese schwer zugänglichen Randgebiete des Landes waren damals praktisch noch unerforscht, und Bergsteiger nahmen an einer Reihe wissenschaftlicher Expeditionen teil, die Ende der zwanziger Jahre unternommen wurden, um den Pamir und den Tienschan zu erkunden und detaillierte Karten dieser Gebirgsmassive zu schaffen.

Die erste Pamirexpedition, ein deutsch-sowjetisches Gemeinschaftsunternehmen, fand 1928 statt. Zu ihren Teilnehmern gehörten auch namhafte sowjetische Wissenschaftler. An der Spitze der sowjetischen Alpinistenmannschaft stand Otto Schmidt, der später so berühmt gewordene Polarforscher. Die Bergsteiger spielten keine geringe Rolle bei der Erfüllung der komplexen Aufgaben der Expedition und erwiesen vor allem den Geologen und Topographen unschätzbare Hilfe. Zudem gelang es ihnen, zusammen mit ihren deutschen Kollegen hier erstmals sechstausend Meter hohe Gipfel zu besteigen. Im folgenden Jahr wurde die Erforschung des Pamir fortgesetzt, und wiederum waren Alpinisten daran beteiligt.

Diesmal leitete der erfahrene Bergsteiger Nikolai Krylenko die Expedition, der sein Herz für den Alpinismus in den langen Jahren seiner Emigration in der Schweiz entdeckt hatte und in seiner Heimat einer der Organisatoren des Gebirgstourismus und Alpinismus wurde. Als er später Generalstaatsanwalt und Mitglied der Regierung war, verbrachte er jeden Urlaub in den Bergen. Dieser Mann also führte auch die Gruppe von Bergsteigern der Expedition an, die sich anschickten, einen Siebentausender zu erstürmen, den Pik Lenin, der 1928 zum ersten Male von den deutschen Bergsteigern der schon erwähnten deutsch-sowjetischen Gemeinschaftsexpedition bezwungen worden war.

Der erste Versuch endete mit einem Mißerfolg. Einige Tage danach beschlossen die Bergsteiger, erneut zum Angriff anzutreten. Doch einer nach dem anderen blieb in verschiedenen Höhen hinter Krylenko zurück. Dieser setzte den Aufstieg allein fort, wobei er häufig haltmachte, um die Steigeisen wieder festzuschnallen, die an seinen Filzstiefeln (!) schlecht hielten. Er mußte viele Stufen hacken, böiger Wind kam auf, es wurde eisig kalt.

Gegen 5 Uhr nachmittags erreichte Krylenko 6 850 Meter Höhe. Er hatte weder Schlafsack noch Zelt bei sich und die warme Pelzjacke (»Höhenkluft« nannten die Bergsteiger diese Armeejacken damals im Scherz) unterwegs abgeworfen, weil sie ihn in den Bewegungen behinderte. Vom Ziel trennten ihn keine dreihundert Meter mehr, doch wie er später ins Tagebuch schrieb, »gewann die Vernunft die Oberhand«, und er kehrte um. Der Gipfel wurde zwar nicht erreicht, aber immerhin hatten sich hier sowjetische Alpinisten zum erstenmal einer Höhe von siebentausend Metern genähert.

Im gleichen Jahr, 1929, begannen sowjetische Alpinisten auch den Tienschan für sich zu erobern. Eine erste Expedition ukrainischer Bergsteiger erkundete die unmittelbaren Zugänge zum unbezwingbar erscheinenden Chan-Tengri, und zur gleichen Zeit tauchten auch Moskauer Alpinisten in diesem Gebiet auf. Junge Bergsteiger aus Kasachstan versuchten den Pik Komsomol (4 376 m) im nördlichen Tienschan zu bezwingen, doch mangelnde Erfahrung und schlechtes Wetter zwangen sie zum Rückzug.

Der Gipfel, der die Bergsteiger am meisten anlockte, blieb jedoch der spitze Chan-Tengri (6 995 m), der damals als höchster Berg des Tienschan galt. Viele namhafte ausländische Alpinisten waren übrigens der Meinung, daß die Bezwingung dieses relativ weit im Norden gelegenen

Gipfels ein völlig aussichtsloses Unterfangen sei. Dennoch trat im Jahre 1931 eine Expedition ukrainischer Bergsteiger zum Angriff auf den Chan-Tengri an.

Nach tagelanger schwerer Arbeit an den verschneiten Steilhängen des Chan-Tengri wurde klar, daß nur drei Männer noch die Kraft besaßen, weiter aufzusteigen: Pogrebezki, Sauberer und Tjurin. Die anderen kehrten ins Basislager zurück. Die drei Bergsteiger bewegten sich weiter gipfelwärts und übernachteten in 6040 Meter Höhe. Die Nacht verlief recht unruhig, sie mußten das Zelt verrücken, denn dicht neben ihnen gingen Stein- und Eislawinen nieder.

Beim nächsten Biwak konnten sie ein Zelt überhaupt nicht aufstellen, sie breiteten nur die Plane aus, legten die Schlafsäcke darauf und banden diese an Haken fest. Am nächsten Tag setzten sie den Aufstieg fort. Die zunehmende Höhe und Erschöpfung ließen die drei Männer immer matter und langsamer werden. Ein plötzlich einsetzender Schneesturm zwang sie haltzumachen; mit dem Zelt zugedeckt und an Haken festgebunden, warteten sie das Ende des Unwetters ab.

Dann kletterten sie hartnäckig weiter. Am Abend wäre fast ein Unglück geschehen, denn Sauberer stürzte ab und riß Pogrebezki am Seil mit sich. Mit Mühe und Not gelang es Tjurin, die beiden zu halten. Die Nacht rückte immer näher, aber sie setzten den Aufstieg fort. Endlich der Gipfel! Tjurins Siegesschrei verlieh allen neue Kraft. Sie schwangen sich auf den schmalen Felsgrat und – hielten wie angewurzelt inne! Es war nur ein Vorgipfel, der wahre Gipfel ragte noch höher empor. Er lag zwar zum Greifen nahe, doch sie hatten alle Kraft verausgabt.

Sie schlugen Haken in Felsvorsprünge und banden ihre Schlafsäcke daran fest. Noch eine Übernachtung in großer Höhe und unvorstellbarer Kälte. Der sechste Tag eines zermürbenden Aufstiegs brach an, ein letzter Angriff aufs Ziel. Die noch verbleibenden Meter bis zum Gipfel krochen die Männer buchstäblich, aber sie schafften es: Der unbesiegbare Chan-Tengri hatte sich ergeben. Es war dies ein ganz großer Tag für den sowjetischen Alpinismus.

Nun stand die Bezwingung der Siebentausender auf der Tagesordnung. Und die sowjetischen Hochalpinisten traten gleich zum Sturm auf den höchsten Gipfel des Landes an, der schon 1928 im Pamir entdeckt worden war und heute Pik Kommunismus heißt. Diesen 7495 Meter hohen

Bergriesen zu bezwingen, machte sich 1933 eine repräsentative Expedition unter Leitung von N. Gorbunow auf. Schwierigkeiten hatten die Gipfelstürmer dabei unterwegs mehr als genug zu überwinden, auch Opfer waren zu beklagen. Ein Bergführer starb an Lungenentzündung. Unmittelbar vor dem Angriff erkrankte einer der Alpinisten schwer, ein anderer stürzte tödlich ab, weil die Sicherung beim Aufstieg am Ostgrat des Piks vernachlässigt worden war.

Trotz dieser tragischen Geschehnisse gaben die Bergsteiger nicht auf. Auch ein vier Tage lang tobender Schneesturm, der sie in etwa 7000 Meter Höhe ereilte, konnte sie nicht zur Umkehr zwingen. Doch die Tragödien und das Unwetter hatten die Menschen zermürbt, nur zwei brachten noch die Kraft auf, den Weg zum Gipfel fortzusetzen – Gorbunow und Jewgeni Abalakow, aber auch sie waren keineswegs in bester Form.

Abalakow, der fast den ganzen Weg geführt hatte, ermüdete zusehends. Den nicht mehr jungen Expeditionsleiter Gorbunow, an dessen Nerven die vorhergegangenen tragischen Ereignisse gezehrt hatten, verließen schließlich die letzten Kräfte. In 7380 Meter Höhe gab er auf und kehrte um. Sein Gefährte setzte den Weg zum Gipfel im Alleingang fort.

Abalakow mußte den Firngrat überwinden, der sich fast zweihundert Meter steil emporschwingt. Zeitweise konnte er sich nur kriechend vorwärts bewegen, da der orkanartige Sturm ihn vom Grat herabzuschleudern drohte. Meter um Meter entriß er dem Berg. Am 3. September 1933, nach dreizehn am Berg verbrachten Tagen und Nächten, erreichte er den Gipfel des Pik Stalin (heute Pik Kommunismus).

Ein 25jähriger Sibirier, der Bildhauer Jewgeni Abalakow, war der erste sowjetische Bergsteiger, der eine Höhe von über siebentausend Metern bezwungen hatte. Dieser Sieg im Jubiläumsjahr des sowjetischen Alpinismus mutet fast symbolisch an: Nur zehn Jahre waren erforderlich gewesen, um den Weg von der Bezwingung der Fünftausender des Kaukasus bis zum Sieg über den höchsten Berg des Landes zurückzulegen.

Im folgenden Jahr, 1934, gingen sowjetische Alpinisten daran, einen weiteren Siebentausender des Pamir, den Pik Lenin, zu bezwingen. Beim ersten Versuch erreichte eine große Gruppe von Bergsteigern (21 Menschen) die Höhe von siebentausend Metern. Schlechtes Wetter und eine falsch ausgearbeitete Taktik zwangen sie jedoch, zweihundert Meter vor dem Gipfel umzukehren.

Einige Zeit später wurde ein zweiter, diesmal von Erfolg gekrönter Versuch unternommen. Drei Mann erreichten das Ziel – K. Tschernucha, I. Lukin und Witali Abalakow, der Bruder Jewgeni Abalakows, der ein Jahr zuvor den Pik Stalin bezwungen hatte.

Der Sieg über den Chan-Tengri und zwei Siebentausender des Pamir waren die ersten großen Erfolge des sowjetischen Höhenalpinismus. Man hatte Erfahrungen gesammelt, die Qualität der Ausrüstung verbessert, Taktik und System der Akklimatisierung vervollkommnet. Die Zeit war nun reif für die Organisierung gut trainierter Sportmannschaften. Die Zeit der »Massenbesteigung« von Siebentausendern brach an.

Übrigens hatte man zu jener Zeit schon reiche Erfahrungen bei der Massenbesteigung von Kaukasusgipfeln gesammelt. So wurde 1933 ein Massenangriff auf den Elbrus (erstmals als »Alpiniade« bezeichnet) durch den Gipfelsieg von 58 Bergsteigern gekrönt. Natürlich kann man die Berge des Kaukasus und vor allem den keine alpinistischen Schwierigkeiten bereitenden Elbrus nicht ohne weiteres mit den Gipfeln des Pamir vergleichen, doch zweifellos nutzten die Erfahrungen der ersten Alpiniade auch bei der Organisierung der Besteigung von Siebentausendern, die 1937 durch jeweils größere Gruppen von Alpinisten erfolgte.

Diese dem 20. Jahrestag der Großen Sozialistischen Oktoberrevolution gewidmete große Sportexpedition bezwang alle drei Giganten des Pamir: den jetzigen Pik Kommunismus, den Pik Lenin und den Pik Korshenewskaja (7105 m). Zum erstenmal in der Welt wurden im Höhenalpinismus Flugzeuge zum Transport von Ausrüstung und Proviant eingesetzt und die Angriffstrupps durch ständige Funkverbindung mit dem Basislager unterstützt. Die Expedition von 1937 endete mit einem großen Erfolg: Acht Alpinisten bezwangen den Pik Lenin, vier den Pik Kommunismus, und fünf Bergsteigern gelang es, den Ostgipfel des Pik Korshenewskaja zu erreichen.

Im folgenden Jahr, also 1938, erfolgte der Angriff auf den im Tienschan gelegenen vierten sowjetischen Siebentausender. (Zu jener Zeit stand allerdings die Höhe des namenlosen Gipfels, der da unweit des berühmten Chan-Tengri in den Himmel ragte und nach visuellen Beobachtungen mit ihm an Höhe sogar konkurrieren konnte, noch nicht genau fest.) Der erste Versuch schlug fehl, doch der zweite brachte Erfolg. Drei junge Bergsteiger – Gutman, Iwanow und Sidorenko – erreichten trotz schlechter Wetterbedingungen das Ziel.

Da sie die in Wolken gehüllten bekannten Nachbargipfel nicht sehen und zum Vergleich heranziehen konnten, vertrauten sie den falschen Angaben ihres alten Höhenmessers, der nur 6930 Meter anzeigte. Sie gaben dem Gipfel den Namen »Pik 20. Jahrestag des Komsomol« und traten den Abstieg an. Diese Besteigung erregte kein besonderes Aufsehen, und die Gipfelstürmer selber ahnten damals nicht, daß sie erstmalig den zweithöchsten Berg ihres Landes bezwungen hatten. Erst fast zwanzig Jahre später ernteten sie die gebührende Anerkennung.

Im Jahre 1944 stellten Topographen nämlich fest, daß der höchste Punkt des Massivs eine Höhe von 7439 Metern erreicht. Man beschloß, diesen Gipfel zu Ehren der an den Fronten des Großen Vaterländischen Krieges errungenen Erfolge Pik Pobeda – »Pik des Sieges« – zu nennen. Seine Besteigung im Jahre 1938 erhielt dadurch nachträglich noch besondere symbolische Bedeutung, denn alle drei Erstbesteiger des Pik Pobeda hatten wie die meisten sowjetischen Alpinisten am Großen Vaterländischen Krieg teilgenommen und ihren Beitrag zum Sieg des Sowjetvolkes über den Hitlerfaschismus geleistet.

Als die letzten Salven des Krieges verhallt waren, kehrten die sowjetischen Bergsteiger wieder in ihre geliebten Berge zurück. Vieles mußte neu aufgebaut werden. Über die Hälfte aller Investbauten (Alpinistenlager, Touristenstützpunkte, Rettungsstationen, Wege und Brücken), die sich in den zeitweilig okkupierten Gebieten befunden hatten, lagen in Trümmern. Es fehlte an erfahrenen Trainern, von denen viele nicht aus dem Krieg zurückgekehrt waren, und es fehlte an alpinistischer Ausrüstung, mit deren Produktion man praktisch von neuem beginnen mußte.

Ungeachtet aller Schwierigkeiten fanden bereits 1945, also im ersten Nachkriegssommer, erfolgreiche Besteigungen von Gipfeln im Kaukasus, Pamir und Tienschan statt. Der sowjetische Alpinismus sammelte erneut Kräfte und Erfahrungen, junge Bergsteiger füllten seine Reihen auf. Bergsteigen wurde in unserem Land wiederum zum Massensport, der an die Traditionen der dreißiger Jahre anknüpfte und sich erfolgreich weiterentwickelte. Schon vor dem Krieg hatten ja allein im Jahre 1935 beispielsweise auf dem doppelgipfligen Elbrus mehr als zweitausend Bergsteiger gestanden, auf dem eisüberzogenen Kasbek über tausendfünfhundert, auf dem Pik Komsomol über tausend Alpinisten aus Kasachstan und auf dem Aragaz in Armenien ebenfalls an die tausend.

Im Jahre 1947 fand eine Massentraversierung des Kaukasus-Hauptkammes vom Elbrus bis zum Kasbek über insgesamt 250 Kilometer statt – ein Novum in der Geschichte des Alpinismus, nicht nur des sowjetischen, sondern auch des internationalen. An dieser Traversierung nahmen mehr als neunhundert Sportler teil, die insgesamt 161 Gipfel bezwangen! Diese einzigartige Sportveranstaltung dokumentierte gleichsam die Bilanz des 25jährigen Entwicklungsweges des sowjetischen Bergsports, das Niveau, das dieser erreicht hatte, und seinen sportlichen Inhalt.

Um diese Zeit trat auch das System der sportlichen Kategorien und Regeln in Kraft, die das Niveau der sportlichen Ausbildung und die genauen Stufen der Meisterschaft der Alpinisten festlegten. Ab 1948/49 wurden auch Wettbewerbe um die Landesmeisterschaft in die Praxis des sowjetischen Alpinismus eingeführt. Seit 1954 heißen sie Championate, und die Erstplazierten ehrt man mit Gold-, Silber- und Bronzemedaillen. Dieser Wettbewerb wird in drei Disziplinen des Bergsports ausgetragen: in technisch schwierigen Besteigungen, im Traversieren und im Höhenbergsteigen.

Die regelmäßig durchgeführten Landesmeisterschaften haben eine große Rolle bei der weiteren Entwicklung des sowjetischen Alpinismus gespielt. Sie stimulierten die Suche nach neuen Zielen, neuen Gipfeln und neuen, noch nicht begangenen schwierigen Routen. Die Teilnahme an den Wettbewerben erforderte von den Sportlern eine immer intensivere und sorgfältigere Vorbereitung. Und es ist nur folgerichtig, daß die meisten der besonders schwierigen Besteigungen nun im Rahmen der »Championate« erfolgten.

Das System, nach dem die stärksten an den landesmeisterschaften teilnehmenden Mannschaften ermittelt werden, ist ziemlich kompliziert. Dabei wird nicht allein der Fakt einer Besteigung bewertet, sondern es folgt vor allem die eingehende Analyse eines ganzen Komplexes von Faktoren durch ein Kampfrichterkollegium. Zu diesen Faktoren gehören zum Beispiel Erstbesteigung und sportlicher Wert des betreffenden Objekts, Schwierigkeit und Besonderheiten der Route zu seinem Gipfel, physische und technische Ausbildung der Bergsteiger, der Stil, in dem eine Seilschaft die Route meistert, Gewährleistung der Sicherheit, Anwendung technischer Neuerungen, Taktik der Besteigung, Wetterbedingungen und noch so manch andere Elemente, die für den Erfolg bestimmend sind.

Die Bewertung von Wettbewerben im Gebirge ist freilich sehr schwierig. Die Alpinisten demonstrieren ihr Können ja nicht unter den Idealbedingungen eines Stadions oder einer Halle, eines Bassins oder einer Eisbahn, sondern auf steilen und gefahrvollen Bergrouten, noch dazu häufig unter äußerst schwierigen Witterungsverhältnissen. Auch die Kampfrichter haben natürlich nicht die Möglichkeit, vom bequemen Sessel aus alle Nuancen des Wettkampfes zu beobachten. Sie ziehen ihre Bilanz erst nach dem Studium der technischen Protokolle der Seilschaften und Beobachtergruppen, der Bewertung durch die im Gelände tätigen Kampfrichter, der zusammen mit den Teilnehmern des Aufstiegs vorgenommenen Festlegung von Details der Route und der umfassenden Berücksichtigung all jener vielfältigen Faktoren, von denen schon oben die Rede war.

Es muß besonders darauf hingewiesen werden, daß die Idee, unter Bergsteigern Wettbewerbe auszutragen, lange Zeit entweder kategorisch abgelehnt oder ihr Wert stark bezweifelt wurde. Mehrtägige »Wettrennen« auf komplizierten und gefährlichen Bergrouten zu veranstalten ist in der Tat unzulässig. Nicht allein deshalb, weil die physischen Belastungen dabei in der Regel ohnehin extrem hoch sind. Die Geschwindigkeit würde unvermeidlich zu Lasten der Sicherheit der Bergsteiger gehen! Andererseits ist nicht zu übersehen, daß das Wettbewerbselement den Alpinisten zusätzliche Impulse gibt, ihr Können zu vervollkommnen. Und allein das Wettkampfprinzip stellt den Alpinismus in eine Reihe mit klassischen Sportarten.

Das Problem schien unlösbar. Die ruhmreiche »alte Garde« der sowjetischen Alpinisten fand jedoch eine salomonische Lösung: Den Wettkämpfen wurden die technische Schwierigkeit der Routen und die Art ihrer Meisterung zugrunde gelegt ohne Berücksichtigung der Geschwindigkeit als solcher. Zu einem der wichtigsten Kriterien der Einschätzung aber wurde dabei erhoben, wie vollkommen die Sicherheit des Aufstiegs gewährleistet war. Das System der Championate ließ den Alpinismus in der UdSSR zu einer vollwertigen, endgültig aner-

178/179
Lager IV (in 8250 m Höhe) konnte am 20. April eingerichtet werden

Der schwierigste Teil der Route lag zwischen Lager III und Lager IV; hier gab es steile, stellenweise überhängende Felsen

kannten gleichberechtigten Sportart unter den anderen, traditionellen werden.

Bereits das erste Jahrzehnt, in dem Landeswettbewerbe veranstaltet wurden, hat die hohe Klasse der besten Könner aus der älteren Generation sowjetischer Alpinisten bestätigt, die als Sieger daraus hervorgingen. Aber auch jüngere Bergsteiger kämpften erfolgreich um Meisterehren. Jahr für Jahr griffen die stärksten der neuen Generation von Bergsteigern in die Wettkämpfe ein, demonstrierten ihr gewachsenes Können und errangen glänzende Siege. Nach einiger Zeit rückten dann auch jene in die ersten Reihen auf, die schließlich die Herausforderung des »dritten Pols« unserer Erde annahmen.

Eine große Rolle bei der Vervollkommnung der individuellen Technik der besten sowjetischen Alpinisten spielten neben den Landesmeisterschaften auch Wettbewerbe im Sportklettern. Diese im Rahmen des sowjetischen Alpinismus schon Ende der vierziger, Anfang der fünfziger Jahre entstandene Tochterdisziplin wurde mit der Zeit zu einer selbständigen Sportart mit eigenen Wettbewerben und Preisträgern.

Das sportliche Felsklettern hat keine Gipfelbesteigungen zum Ziel. Die Wettkämpfe werden an kleinen Felsabschnitten durchgeführt, gewöhnlich außerhalb des Hochgebirges. Dabei werden sowohl Schnelligkeit als auch Technik des Kletterns bewertet.

Nebenbei bemerkt, hat fast die Hälfte aller Teilnehmer der Himalaja-Expedition – unter ihnen Romanow, Onischtschenko, Berschow, Moskalzow, Turkewitsch – ihre ersten bemerkenswerten Siege bei den Landesmeisterschaften der Felskletterer auf der Krim errungen.

Eine nicht geringe Rolle bei der Entwicklung der Technik der Zusammenarbeit auf schwierigen Routen und der Hilfe bei Bergnot haben auch die systematischen Wettbewerbe von Rettungsmannschaften in Alpinistenlagern und Rettungsstationen gespielt.

Die vor nunmehr über drei Jahrzehnten ins Leben gerufenen alpinistischen Wettkämpfe (sie werden nur in der Sowjetunion durchgeführt, sonst nirgends in der Welt) trieben in der Tat das rasche Wachsen der Leistungen sowjetischer Bergsteiger voran, die in wenigen Jahren in die internationale Spitzenklasse aufrückten. Die sportlich-technische Ausbildung der sowjetischen Alpinisten und die Routen, auf denen sie Rekorde aufstellten, beeindruckten auch erfahrene, anerkannte ausländische

»Asse«. Der sowjetische Alpinismus hatte den Anschluß an die Weltspitze endgültig erreicht und war gerüstet, sich in der internationalen Bergsportarena zu bewähren.

Der Enthusiasmus und die Anstrengungen hervorragender Organisatoren, Trainer und Bergsteiger sind nicht umsonst gewesen, sie haben den Weg zu neuen Gipfelsiegen über die höchsten Berge der Erde gebahnt. Man hat die Erfahrungen der Alpinisten und der Himalaja-Expeditionen anderer Länder studiert und konnte nunmehr die Blicke auf den höchsten Punkt unseres Planeten richten, den zu bezwingen die Bergsteiger des Sowjetlandes zweifellos schon lange in der Lage gewesen wären. Diese offensichtliche Tatsache haben auch namhafte ausländische Bergsteiger anerkannt, die sich in den Hochgebirgen der Sowjetunion aufgehalten haben.

In der Nachkriegszeit sind ausländische Alpinisten im wesentlichen seit Ende der fünfziger Jahre zu uns in die Berge gekommen. Sie bestiegen anfangs Gipfel des Kaukasus, den sie nicht selten »Kleiner Himalaja« nannten, machten sich mit der Organisation des Massenalpinismus in der UdSSR bekannt, besuchten Trainingslager, beobachteten die Kletterwettbewerbe, lernten bewährte sowjetische Bergsteiger persönlich kennen und erzählten ausführlich von der Bezwingung der Achttausender unserer Erde.

So zeigte Marcel Ichac (Frankreich) einen Film über den 1950 errungenen ersten Sieg über einen Achttausender, die Annapurna. John Hunt berichtete von seinen Erfahrungen bei der erfolgreichen britischen Expedition auf den Everest im Jahre 1953, der Engländer Charles Evans schilderte die 1955 erfolgte Besteigung des Kanchenjunga, Fritz Morawec den Aufstieg österreichischer Alpinisten auf den Gasherbrum im Jahre 1956.

Besonders viele Gäste brachte das Jahr 1958, in dem Alpinisten aus der DDR und Bulgarien, der Tschechoslowakei und Polen, Österreich, Frankreich und England im Kaukasus weilten. Die gegenseitigen Kontakte waren natürlich für die Bergsteiger der verschiedenen Länder äußerst fruchtbar. Zugleich zeigte sich, daß die meisten Alpinisten aus Westeuropa eine völlig verschwommene und verzerrte Vorstellung von der Geschichte des sowjetischen Alpinismus und seiner Errungenschaften hatten.

Einige behaupteten zum Beispiel, wobei sie sich auf se-

182/183
Der Aufstieg ins Lager IV hat alle Kraft gekostet, jetzt kann Jefimow für kurze Zeit die Sauerstoffmaske abnehmen und tief durchatmen

Oberhalb von Lager IV

Als erste bewältigten Balyberdin und Myslowski diesen Abschnitt

riöse westliche alpine Publikationen beriefen, den Chan-Tengri hätten erstmals japanische (!) Bergsteiger bezwungen, obwohl bekanntlich Japaner nie im Tienschan gewesen sind. Derartige »Eröffnungen« klangen übrigens noch harmlos im Vergleich mit den völlig ernstgemeinten Fragen nach Details über die »Tragödie der russischen Expedition von 1952 zum Everest«.

Wer diese »Hochgebirgsente« in die Welt gesetzt hat, läßt sich heute nicht mehr feststellen. Fest steht nur, daß von Zeit zu Zeit in westlichen Publikationen das Gerücht aufgetaucht ist, buchstäblich wenige Monate vor der erfolgreichen Bezwingung des Everest durch Hillary und Tenzing habe von Norden her eine russische Expedition erfolglos den Gipfel attackiert, die »im Zeichen der weltweiten Friedensoffensive der Sowjets auf dem Höhenpol der Erde eine weiße Flagge hissen sollte«.

Diese »Sensation« wurde von den Amerikanern mit dem ihnen eigenen Schwung und Zynismus nach Kräften aufgeplustert. Am 13. Mai 1957 erfreute die Zeitschrift »Newsweek« ihre Leser mit einem Artikel mit der provozierenden Überschrift »Das Rätsel des Everestgipfels«, in dem, natürlich unter Berufung auf »verbürgte Quellen«, verkündet wurde, Ende 1952 seien an den Nordhängen des Everest vierzig Russen ums Leben gekommen. Vierzig (!), nicht mehr und nicht weniger. Und das Journal geizte nicht mit Einzelheiten: »Die aus hundertsechzig Teilnehmern bestehende sowjetische Expedition begann den Aufstieg von Norden her. Im Dezember funkten die Russen, sie hätten eine Höhe von 26 400 Fuß (ca. 8 070 m) erreicht und würden in zwei Tagen auf dem Gipfel stehen. Seitdem hörte man nichts mehr von ihnen.« Des weiteren wurde eine lange Liste mysteriöser Teilnehmer an der Besteigung angeführt: Pawel Datschnoljan (Leiter), Jossif Dengumarow, Anatoli Dshindomnow, Alexander Mezdarov u. a. Seltsamerweise befand sich darunter kein einziger Name eines bekannten sowjetischen Bergsteigers jener Zeit. Und die Namen selbst hatten offenbar keine Kenner der russischen Sprache erfunden.

Im Juni des gleichen Jahres noch entlarvte die Zeitung »Sowjetsport« in einem Artikel »Eine Hochgebirgsente« zwar diese grobe Fälschung, doch die »Sensation« wurde, nicht ohne Unterstützung durch Boulevardblätter, durch immer neue aus der Luft gegriffene unwahrscheinliche Einzelheiten weiter aufgebauscht. So schrieb zum Beispiel der Österreicher Peter Habeler in seinem Buch:

»Der einsame Sieg. Mount Everest '78«, erschienen in München 1978:

»Tragisch endete auch der Versuch der Russen, den Berg als erste zu ersteigen ... 35 (immerhin nicht 160, wie in der amerikanischen Variante – D. M.) erfahrene Bergsteiger, unter ihnen namhafte Höhenphysiologen, Geologen und Mediziner, gelangten über Tibet an die Nordflanke des Berges. Der Aufwand war gewaltig. Fünf Armee-Flugzeuge transportierten die Ausrüstung von Moskau über Novosibirsk und Irkutsk nach Lhasa.«

Und weiter geht es im gleichen Geist: »... Die Mannschaft hatte ein tragbares Funkgerät dabei, mit dem sie direkt mit Moskau in Verbindung stand. Sechs Mann brachen zum Gipfel auf. Das Funkgerät nahmen sie mit. Sie gaben durch, daß sie in 8050 Meter Höhe ein Lager bezogen hätten (also zwanzig Meter tiefer als in der Phantasie des »Newsweek«-Reporters – D. M.) und daß sie, je nach Wetter, in etwa zwei Tagen einen Angriff auf den Gipfel unternehmen würden. Danach verstummte das Gerät. Moskau schlug Alarm.

Suchmannschaften stiegen auf und schwärmten aus. Aber die sechs Bergsteiger blieben verschollen (immerhin nur sechs, und nicht vierzig – D. M.) ... Man hat dann später die Verantwortlichen für das übereilte und ungenügend organisierte Unternehmen zur Rechenschaft gezogen und hart bestraft.«

Da steht sie also schwarz auf weiß, diese rührselige Geschichte im Geist der übelsten Traditionen aus den Zeiten des »kalten Krieges«. Die immensen Ausgaben, die Militärflugzeuge, ein superstarkes Funkgerät, mit dem man die Verbindung mit Moskau aufrechterhält, die erfahrenen sowjetischen Bergsteiger, die keiner kennt, und selbst die harte Bestrafung der Organisatoren der Expedition – nichts fehlt.

Die Autoren derartiger Elaborate berufen sich häufig darauf, diese Geschichte sei »von den Russen weder bestätigt noch dementiert« worden. Sie nehmen das im »Sowjetsport«, einer Zeitung mit Millionenauflage, veröffentlichte offizielle Dementi aus irgendwelchen Gründen nicht zur Kenntnis, genauer gesagt, wollen es nicht zur Kenntnis nehmen.

Doch genug von dieser mysteriösen »russischen Expedition des Jahres 1952«, kehren wir zu realen, verbürgten Dingen zurück. Natürlich haben die sowjetischen Alpinisten schon lange von der Bezwingung des höchsten Gip-

186/187
Lager V wird am 3. Mai in 8500 m Höhe aufgestellt; bis zum Gipfel sind es nur noch 348 m in der Vertikalen

Vom Lager V blickt man im buchstäblichen Sinne des Wortes auf alles von oben herab

fels unserer Erde geträumt, und sie haben auch nie ein Hehl aus ihren Plänen gemacht. Besonders nah waren sie der Verwirklichung ihres Traums im Jahre 1959, als eine gemeinsame sowjetisch-chinesische Besteigung des Everest ins Auge gefaßt war. Diese leider nicht zustande gekommene Expedition hatte ihre Vorgeschichte:

Im Jahre 1955 weilten chinesische Bergsteiger im Kaukasus und im Pamir, wo sie unter Anleitung sowjetischer Trainer einen Lehrgang absolvierten und danach zusammen mit sowjetischen Alpinisten den Pik Oktober (6780 m) bezwangen. Im Jahr darauf erfolgten gemeinsame Erstbesteigungen der auf chinesischem Gebiet gelegenen schwierigen Gipfel Muztagata (Mushitagshan; 7546 m) und Kongur (Gonggershan; 7719 m). 1958 kamen Chinesen wiederum in den Pamir. Die Gruppe der sowjetischen Alpinisten leitete damals der bekannte Bergsteiger Kirill Kusmin, Cheftrainer waren Witali Abalakow und Jewgeni Belezki. Der gemeinsame Aufstieg war von einem weiteren Erfolg gekrönt: 38 Alpinisten – 21 sowjetische und 17 chinesische – bezwangen den Pik Lenin.

Im Herbst des gleichen Jahres begab sich eine Expedition, an der drei sowjetische Alpinisten – Belezki, Filimonow und Kowyrkow – teilnahmen, an den Fuß des Everest, um dessen Nordwände zu erkunden. Von chinesischer Seite nahmen zehn Bergsteiger, vier Meteorologen, vier Topographen und vier Funker teil, dazu kamen tibetische Träger und Treiber. Die Karawane bestand aus fünfzig Pferden und dreihundert anderen Lasttieren. Es handelte sich also um eine sehr große Erkundungsexpedition.

Nachdem die Karawane viele Tage lang durch Tibet gezogen war, erreichte sie Mitte November das Kloster Rongbuk (4970 m). Mehr als zwei Wochen arbeiteten die Bergsteiger in Höhen über fünftausend Meter und erkundeten dabei die günstigsten Anmarschwege zum Everest von Norden her. Besondere Aufmerksamkeit widmeten sie dem Rongbuk-Gletscher und dem Nordsattel (Chang La). Die Spitzengruppe stieg bis etwa 6500 Meter Höhe auf, von wo aus man die schwierigsten Stellen der künftigen Route zum Gipfel gut überschauen konnte. Die Alpinisten transportierten im voraus Ausrüstungen nach oben und legten endgültig die Route des für Frühjahr 1959 vorgesehenen Aufstiegs fest. Mit der Erkundung ging zugleich die Vorbereitung der Hauptexpedition einher. Man klärte Fragen, die die Beschaffung der Ausrüstung, die Ernährung, die Organisation der Funkverbindung betrafen, sowie die zahlreichen großen und kleinen Probleme, wie sie nun einmal mit der Durchführung großer Expeditionen verbunden sind.

Im Februar 1959 zog man die für die Expedition ausgewählten sowjetischen Bergsteiger zu einem Lehrgang im Elbrusgebiet zusammen, und am 20. März versammelten sich alle Teilnehmer in Moskau. Alle waren bereit zum langersehnten Angriff auf den Everest. Das Gepäck hatte man schon abgeschickt, die Tickets hielt man schon in Händen. Alles war also bereit, da kam plötzlich – keiner wollte es zunächst glauben – die Absage.

Die politische Lage in Tibet erlaubte es nicht mehr, daß die Expedition ihre Arbeit begann, der Gipfelsturm wurde auf unbestimmte Zeit verschoben. Infolge der Verschlechterung der Beziehungen zwischen der Sowjetunion und China kam dann die gemeinsame Expedition überhaupt nicht mehr zustande.

Seit Anfang der sechziger Jahre trat der sowjetische Alpinismus international immer stärker hervor. Sowjetische Bergsteiger fuhren in die vielbesuchten Gebirge Österreichs und Englands, Frankreichs und Jugoslawiens, Bulgariens und Italiens, der USA, Japans und der Schweiz. Sie meisterten schwierige Felsrouten in bekannten Klettergebieten der Alpen, so am Grand Capucin und Petit Dru, an den Grandes Jorasses, dem Dent du Géant und dem Torre de Valgrande, aber auch am El Capitan in den USA.

Das Können der sowjetischen Bergsteiger wurde allgemein anerkannt. Ausländische Bergsteiger-Zeitschriften publizierten und publizieren Artikel über die Leistungen »russischer Alpinisten«, über deren hervorragendste Gipfelsiege, über die namhaftesten Bergsteiger.

Den ausländischen Sportlern ist natürlich der Einfluß, den das sportliche Felsklettern auf die Verbesserung des Leistungsniveaus der sowjetischen Alpinisten ausgeübt hat, nicht entgangen. So schrieb die amerikanische Zeitschrift »American Alpine News« nach einer Reihe schwieriger Aufstiege auf Felsrouten in den USA: »Das auffälligste Merkmal der sowjetischen Alpinisten war ihre unglaubliche Schnelligkeit, sowohl die des ersten als auch die des zweiten Mannes in der Seilschaft. Alle hiesigen Bergsteiger waren verblüfft von der Geschwindigkeit, mit der die Russen in der kurzen Zeit ihres Aufenthaltes in den Bergen alle Routen bewältigten, auch die sehr

190/191
Am 4. Mai erreicht Balyberdin (linkes Foto) als erster den Gipfel; ihm folgt zehn Minuten später Myslowski. Am gleichen Tage nachts stehen Berschow und Turkewitsch oben, am 5. Mai Iwanow und Jefimow, am 8. Mai (gleichfalls nachts) Walijew und Chrischtschaty
Am 9. Mai, dem »Tag des Sieges«, erstürmen schließlich als letzte Putschkow, Chomutow (Mitte) und Golodow (rechts) den Gipfel

schwierigen. Die Wettbewerbe im Felsklettern sind zweifellos eine einmalige Besonderheit des sowjetischen Alpinismus.«

Das sportliche Felsklettern faszinierte auch viele ausländische Alpinisten. An den traditionellen Wettbewerben auf der Krim nahmen im Laufe der Jahre Sportler aus fast zwanzig Ländern teil, und heute werden Kletterwettbewerbe auch in der DDR, in Bulgarien, Polen, der Tschechoslowakei und in Japan veranstaltet.

Das internationale Ansehen der sowjetischen Bergsportler war gestiegen. 1966 wurde der Alpinistenverband der UdSSR in die Internationale Union alpinistischer Assoziationen aufgenommen, und drei Jahre später wählte man sowjetische Vertreter in deren Exekutivkomitee, was den verstärkten Austausch von Sportlerdelegationen ermöglichte.

Der Kalender der sportlichen Gipfelsiege innerhalb des Landes spiegelte das weitere Anwachsen der Zahl schwieriger Routen wider, die sowjetische Bergsportler im Kaukasus, Tienschan und Pamir bewältigt hatten. Auch im Bergsteigen in großen Höhen verzeichneten sie zahlreiche hervorragende Erfolge. Nach wie vor zogen besonders die Siebentausender des Pamir die sowjetischen Bergsteiger an, vor allem der höchste und schwierigste Gipfel des Landes, der Pik Kommunismus. Unter Leitung von Vertretern der Nachkriegsgeneration begingen die Bergsteiger immer neue Routen zu seinem Gipfel. In einer einzigen Saison zum Beispiel bezwangen sechs Seilschaften den Berg auf neuen Routen, von denen zwei den sechsten, höchsten Schwierigkeitsgrad aufwiesen, und für niemanden war das eine Sensation.

Übrigens wurden die Erstbegeher mehrerer schwierigster Routen dann in die erste sowjetische Himalaja-Expedition aufgenommen: Jewgeni Tamm, Stanislaw Onischtschenko, Anatoli Owtschinnikow und Eduard Myslowski. Heute führen insgesamt rund zwei Dutzend Routen auf den Pik Kommunismus, vom »normalen« fünften Schwierigkeitsgrad bis zur schwierigsten »Direttissima«, die nur mit Bohrhaken zu bewältigen ist.

Genauso aktiv wurden neue Routen auch zu den Gipfeln der anderen Siebentausender des Pamir gebahnt, auf den Pik Lenin und den Pik Korshenewskaja, die jedoch ebenso wie der Pik Kommunismus keineswegs nur die Domäne sowjetischer Bergsteiger waren. Auch ausländische Alpinisten trugen das Ihre zu deren Eroberung bei.

So bestiegen zum Beispiel Bergsportler aus der Deutschen Demokratischen Republik den »kleinsten«, aber keineswegs leichtesten Siebentausender, den Pik Korshenewskaja, über den Südostgrat, der lange Zeit als unbegehbar galt.

Die Pamirgipfel stehen allen offen. Bergsteiger aus dem Ausland kommen hierher, um die Siebentausender im Rahmen ihrer nationalen Mannschaften oder gemeinsam mit sowjetischen Alpinisten zu bezwingen oder auch um an den internationalen Alpiniaden teilzunehmen, deren Größenordnungen und ausgezeichnete Organisation die Gäste beeindrucken. So bestiegen während der ersten Internationalen Alpiniade im Jahre 1967 dreihundert (!) Teilnehmer den Pik Lenin, darunter etwa fünfzig ausländische Alpinisten, die viele Länder vertraten. Von Jahr zu Jahr ist die Zahl derer gewachsen, die in den Gebirgen der Sowjetunion ihrem geliebten Sport nachgehen wollen. Seit Mitte der siebziger Jahre gibt es im Kaukasus und Pamir internationale Alpinistenlager.

Die kaukasischen Berge locken die Alpinisten durch ihre klassischen Gipfel aller Schwierigkeitsgrade, denn sie haben so ziemlich alles zu bieten: eisgepanzerte Fünftausender und zugleich reine Felsgipfel, schwierige kombinierte Routen und Erholung in sanften bewaldeten Vorbergen. Die Natur des Pamir dagegen ist rauher, das Klima trockener. Dort gibt es noch viele unbegangene Routen. Grandios sind auch die Berge des Tienschan, bezaubernd die Gipfel des Altai und im Osten der Sowjetunion.

Pik Kommunismus, Pik Lenin und Pik Korshenewskaja sind zweifellos zu den populärsten Siebentausendern unseres Planeten geworden. Auf ihren Gipfeln haben bisher rund fünftausend (!) sowjetische und etwa tausend ausländische Bergsteiger gestanden. So lautet die Statistik.

Führen wir noch ein paar weitere Zahlen an, die ebenfalls beredt vom Massencharakter und von der Popularität des Bergsteigens in der Sowjetunion zeugen: Mehr als hundert sowjetische Bergsteiger haben alle vier Siebentausender ihres Landes bezwungen, einige Dutzend haben sie zehnmal und öfter bestiegen. Diese die ausländische Fachwelt geradezu verblüffenden Fakten künden vom Ausbildungsniveau der sowjetischen Bergsportler, von ihrer Bereitschaft, höchste Gipfel zu stürmen, auch den legendären Everest, von dessen Bezwingung die sowjetischen Alpinisten schon lange träumten.

194/195
Am Fuße des Khumbu-Eisbruchs empfängt Trainer Romanow die Bergsteiger, die den Gipfel bezwangen

Einige der Sherpas, die wesentlich zum Erfolg der sowjetischen Alpinisten beigetragen haben

Die Bezwinger des Mount Everest auf dem Rückmarsch nach Lukla

Diese Träume nahmen 1975 endlich konkrete Umrisse an: Die Regierung Nepals erteilte die offizielle Genehmigung für eine sowjetische Expedition auf den Everest für das Frühjahr 1980. (Den »Höhenpol« unserer Erde wollen ja sehr viele bezwingen, und die nepalesischen Behörden setzen selber die Reihenfolge für ein paar Jahre im voraus fest.) Doch es gab neue Probleme – jeder andere Termin hätte gepaßt, nur dieser nicht.

Im Jahre 1980 fanden in der Sowjetunion die Olympischen Sommerspiele statt, in deren Vorbereitung alle Sportorganisationen des Landes einbezogen waren. Ausgerechnet in diesem Jahr eine große alpinistische Expedition vorzubereiten und auszuschicken wäre zu kompliziert und unzweckmäßig gewesen. Es blieb nur eine einzige Variante, nämlich mit einem anderen Land zu tauschen, das die Genehmigung zum Sturm auf den Everest für eins der folgenden Jahre erhalten hatte.

Die Vormonsunzeit 1981 war für die Japaner, die des Jahres 1982 für die Spanier reserviert. In diese Länder gingen denn auch Schreiben mit der Bitte, den Termin zu tauschen. Die Japaner antworteten mit einer Absage; sie könnten zu ihrem Bedauern, so teilten sie mit, deshalb nicht zurücktreten, weil 1981 eine Mannschaft den Gipfel besteigen wolle, die beabsichtige, den Gipfelsieg dem hundertsten Jahrestag der Gründung ihrer Universität zu widmen. Die Spanier stimmten zum Glück zu. Die Behörden Nepals hatten ebenfalls nichts einzuwenden, und so wurde die sowjetische Expedition endgültig für das Frühjahr 1982 anberaumt.

Der Sprung zum Gipfel

5. Mai

Auf Iwanows und Jefimows Rückkehr vom Gipfel zu warten hat keinen Sinn. In 8500 Meter Höhe haben sie zu wenig Sauerstoff. Vom Liegen im Zelt wird man auch nicht kräftiger, eher schwächer. Also muß man so schnell wie möglich hinunter, dorthin, wo sauerstoffreichere Luft die Kräfte regenerieren hilft. Berschow und Turkewitsch rütteln mit Mühe ihre schlummernden Kameraden wach, helfen Myslowski und Balyberdin, denen die Hände kaum gehorchen, in die Stiefel und schnallen ihnen die Steigeisen an, geben ihnen Tee zu trinken. Sie verkleben das

Loch, das sie eben erst mit dem Primuskocher in die Plane gebrannt haben, mit einem Pflaster und kriechen aus dem Zelt.

Alles ringsum ist tief verschneit. Berschow geht voran, um zu spuren und das Seilgeländer auszubuddeln. Turkewitsch folgt ihm mit Myslowski, und Balyberdin beschließt den Zug. Er hat sich ein wenig erholt, fühlt sich einigermaßen bei Kräften und geht wiederum ohne Sauerstoff. Die verschneiten scharfen Grate setzen ein, die sich bis zum Lager IV hinziehen. Ob man will oder nicht, hier muß jeder einzeln absteigen.

Niemand kann also Myslowski helfen. Wie soll er bei jeder Seilbefestigung mit seinen erfrorenen Fingern den Karabiner einklinken? Und das ist erst der Routenanfang. Vom Lager V bis zum Lager I sind es 78 Seile, und jedes ist an drei, vier Stellen befestigt! Sie geben Myslowski eine volle Sauerstoffflasche und stellen sie auf zwei Liter in der Minute ein. Da wird er wieder etwas munterer.

Und dennoch sind sie sich nicht sicher, ob Myslowski den Abstieg schaffen kann. Sehr langsam, den höllischen Schmerz überwindend, steigt er verbissen ab. Oft macht er halt, um Atem zu schöpfen. Balyberdin beschließt nach wie vor den Zug. Bei längeren Pausen setzt er sich auf irgendeine Schneestufe und döst ein paar Minuten vor sich hin, bis Myslowski und Turkewitsch das nächste Seil freigegeben haben.

Als der noch immer vorangehende Berschow aus dem Couloir auf den Grat hinaussteigt, rutscht er plötzlich einige Meter den schneebedeckten Felshang hinab. Einen Augenblick hängt er am Seil, findet aber wieder Halt unter den Füßen und setzt den Abstieg fort. Man muß äußerst vorsichtig sein; der Abstieg ist nicht weniger gefährlich als der Aufstieg.

Gegen elf Uhr vormittags erreicht Berschow Lager IV und kriecht ins Zelt. Als erstes schließt er sich an die Sauerstoffflasche an, zum erstenmal in den letzten zehn Stunden, ruht sich ein bißchen aus und setzt Tee für die absteigenden Kameraden auf. Die treffen auch alsbald ein.

Sie trinken Tee und essen Dörrobst; andere Lebensmittel gibt es im Zelt nicht, und sie haben auch gar keinen Appetit. Dabei beraten sie die Taktik für den weiteren Abstieg. Im Lager IV zu bleiben ist sinnlos. Sie müssen so schnell wie möglich hinunter, machen sich zum Aufbruch fertig. Alle, außer Myslowski.

198/199
Panorama der Himalaja-Hauptkette mit dem Ama Damblan und dem Makalu (8 153 m)

»Die Kameraden wollten so schnell wie möglich, heute noch, hinunter ins Lager III«, schreibt er später in sein Tagebuch, »und beschlossen daher, ohne Verzug abzusteigen. Für mich begann eine zwei Tage währende Tortur, wie ich sie in diesem Ausmaß noch nie erlebt hatte. Bei jedem Haken, bei jedem Knoten am Seil mußte ich die Selbstsicherung aus- und wieder einklinken. In Gedanken überschlug ich, wie viele solcher schmerzhaften Schläge ich an dem fast drei Kilometer langen Seilgeländer noch aushalten mußte. Ich konnte kaum noch die Beine bewegen und hatte furchtbaren Durst; sicher machten mir die erfrorenen Hände und die Spritzen zu schaffen, die mir Serjoscha regelmäßig und fürsorglich verabreichte. Als wir Lager IV erreicht hatten, erklärte ich, an den bevorstehenden steilen Abstieg denkend, ich werde keinen Schritt weitergehen. Dadurch versuchte ich, die Fortsetzung der Qualen ein wenig hinauszuschieben.«

Doch es hilft alles nichts, sie müssen nach unten, dorthin, wo, wie Myslowski hofft, alles rasch wieder in Ordnung kommen würde. Das Wetter hat sich verschlechtert, dichter Schneefall eingesetzt. Als Myslowski wieder einmal haltmacht, um zu verschnaufen und die verrutschte Sauerstoffmaske zurechtzurücken, fällt ihm ein Handschuh aus den steifen Fingern und fliegt in die Tiefe. Das geschieht in der Nähe jener Stelle, wo er sich einige Tage zuvor von seinem Rucksack trennen mußte, um sich aus einer kritischen Situation zu befreien.

Zu seinem Glück tauchen kurz darauf Walijew und Chrischtschaty auf. Walijew gibt Myslowski seine Reservefäustlinge aus Hundefell, beglückwünscht ihn zum Sieg und setzt zusammen mit seinem Partner den Weg ins Lager IV fort. Walijew hat eine Maske auf, Chrischtschaty aber träumt noch immer davon, den Gipfel ohne künstlichen Sauerstoff zu bezwingen und auch nachts keinen zu benutzen.

Bis gegen Abend sind Myslowski, Balyberdin, Berschow und Turkewitsch bis auf 7800 Meter abgestiegen. Berschow nestelt Myslowskis Kleidung auf und gibt ihm wiederum je eine Complamin- und Hydrocortisonspritze, deren Wirkung sich bald bemerkbar macht. Nach zwei Tage und zwei Nächte andauernden ununterbrochenen Strapazen können sich Myslowski und Balyberdin endlich wieder ausschlafen.

Im Lager III übernachten auch Iljinski und Tscheptschew, im Lager IV Walijew und Chrischtschaty, im Lager V Iwanow und Jefimow, im Lager I Chomutow, Putschkow und Golodow. Und im Basislager warten Schopin und Tschorny darauf, daß sie an die Reihe kommen, zum Gipfelangriff anzutreten. Ein weiterer Arbeitstag der Expedition ist zu Ende gegangen.

6. Mai

Vom frühesten Morgen an ist an den Hängen des Berges wiederum alles in Bewegung. Die einen setzen ihren Weg zum Gipfel fort, die anderen, die diesen bereits bezwungen haben, kehren von ihm zurück. An diesem Tag passiert nichts Besonderes: Die einen steigen nach oben, die anderen nach unten.

Balyberdin hat sich ausgeschlafen, fühlt sich bedeutend besser und setzt den Abstieg gekräftigt fort. Für Myslowski geht die Quälerei weiter, jeder zurückgelegte Meter macht sich durch furchtbare Schmerzen in den erfrorenen Händen bemerkbar. Endlich liegt der felsige Teil der Route hinter ihnen. Myslowski schleppt sich auf ein ebenes Plätzchen unweit von Lager I und sinkt erschöpft auf einen Stein, das Gesicht dem Berg zugewandt: »Das also war's. Das Schwerste lag hinter dir. Und auf einmal begriff ich – das war's! Da war ein Traum gewesen, mit dem ich viele Jahre gelebt hatte. Da hatte es einen Berg gegeben, den höchsten Berg der Welt, auf dem ich noch nicht gewesen war. Da hatte es ein Geheimnis gegeben. Da hatte es einen Leitstern gegeben – das Ziel. Es hatte ihn gegeben, jetzt gab es ihn nicht mehr. Und es wird ihn niemals mehr geben. Nun muß ich nach einem neuen Stern suchen!«

Ja, ihr langer und mühsamer Weg zum Gipfel und zurück nähert sich dem Ende. Doch zum Schwachwerden ist keine Zeit, der Everest stellt seinen Bezwingern gern tödliche Fallen. »Bis zum Zelt von Lager I waren es keine vierzig Meter mehr«, erinnert sich Balyberdin, »da brach ich plötzlich bis zur Brust in eine Spalte ein, direkt auf dem Pfad, den in den letzten Tagen jede Menge von Bergsteigern und Sherpas begangen hatte. Warum hatte die Schneebrücke ausgerechnet mich nicht ausgehalten? Zum Glück war die Spalte nicht sehr breit, ich blieb mit dem Rucksack hängen.«

Am gleichen Tag steigen Chomutow, Putschkow und Golodow ins Lager II auf, Iljinski und Tscheptschew ins Lager IV, Walijew und Chrischtschaty ins Lager V. Iljinskis Vierergruppe schafft es wiederum nicht, sich zu vereinigen. Alle vier stammen aus Alma-Ata, alle vier sind

202/203
Expeditionsleiter Tamm im Kreise der Sherpas

Balyberdin und Jefimow treffen auf dem Rückmarsch auf eine Gruppe sowjetischer Touristen

Schopin und Chrischtschaty lesen im »Sowetski sport« die neuesten Meldungen über den Sieg am Everest

In Katmandu begegneten die sowjetischen Alpinisten dem legendären Erstbezwinger des Mount Everest, dem Neuseeländer Edmund Hillary (rechts)

Reinhold Messner aus Südtirol, einer der erfolgreichsten Bergsteiger der Gegenwart, gibt dem Autor in Katmandu ein Interview

Wieder in Lukla

aus einer Mannschaft (die anderen Viererseilschaften sind gemischte Teams). Viele Male haben Walijew, Chrischtschaty und Tscheptschew unter Führung ihres Trainers Iljinski schwierigste Routen in den Bergen des Pamir und Tienschan gemeinsam bewältigt, haben auch jetzt davon geträumt, gemeinsam zum Sturm auf den Everest anzutreten, doch die Ereignisse vom Vortage machen ihre Pläne zunichte.

Ursprünglich war beabsichtigt, daß Walijew und Chrischtschaty, nachdem sie den für den Aufstieg notwendigen Sauerstoffvorrat ins Lager IV geschafft hatten, ins Lager III zurückkehren und dort auf ihre Kameraden warten sollten. Doch dorthin waren Myslowski und Balyberdin in Begleitung von Berschow und Turkewitsch abgestiegen. Iljinskis Vierergruppe war also der Möglichkeit, sich zu vereinigen, beraubt, der Platz in den Zelten von Lager III reichte nicht für alle.

7. Mai

Der frühe Morgen findet Walijew und Chrischtschaty voller Zweifel. Sie wissen nicht, wie sie sich zu verhalten haben. Sollen sie noch weitere vierundzwanzig Stunden in 8500 Meter Höhe auf ihre Kameraden warten, um gemeinsam den Gipfelangriff zu versuchen, oder sollen sie sofort zu zweit aufbrechen, solange sie noch bei Kräften sind und einigermaßen annehmbares Wetter herrscht? (Die Vorhersage hat für den 8. und 9. Mai eine erhebliche Wetterverschlechterung angekündigt.) Morgen würde die Chance, die sie heute haben, womöglich nicht mehr bestehen. Sie beschließen, aus dem Lager V zu zweit aufzusteigen.

Kasbek Walijew

29 Jahre. Er stammt aus Alma-Ata, wo er das Polytechnische Institut absolviert hat und heute als wissenschaftlicher Mitarbeiter am Institut für Seismologie der Akademie der Wissenschaften der Kasachischen SSR tätig ist.

Als Junge hat er am liebsten Fußball gespielt. Zum Alpinismus ist er während der Studienzeit gekommen, doch seine alte Liebe hat er nicht vergessen. Bei einer Expedition im Pamir hat er einmal ein Fußballspiel in 3800 Meter Höhe organisiert. Kasbek gilt als einer der stärksten Bergsteiger des Landes. Zehnmal hat er Siebentausender bezwungen. Er ist mehrfacher Champion der UdSSR in der Disziplin des Bergsteigens in großen Höhen. Bei der Auswahl der Kandidaten für die Himalaja-Mannschaft gab es in seinem Fall keine Diskussion.

Die Trainer bezeichnen Kasbek als eine ausgesprochene »Kämpfernatur«. Walijew ist ein ausgeprägter Schrittmachertyp: ein Bündel an geballter Energie, Entschlossenheit und Optimismus. Der wortkarge Mann bewältigt auch die kompliziertesten Abschnitte einer Route schnell und kühn, doch sein Wagemut schlägt niemals in Unvernunft um.

Seit zehn Jahren bildet Kasbek mit Waleri Chrischtschaty eine Seilschaft, und er ist von seinem Gefährten nicht weniger überzeugt als von sich selbst. Auch sonst sind sie unzertrennlich. Kasbeks Mutter spricht von Waleri als ihrem zweiten Sohn, und dasselbe sagt Chrischtschatys Mutter von Kasbek. Walijew ist eingefleischter Junggeselle. »Neben der Arbeit und dem Sport«, meint er, »bleibt eben keine Zeit mehr für etwas anderes.«

Waleri Chrischtschaty

Zum Unterschied von seinem ledigen Gefährten ist Waleri Chrischtschaty verheiratet, er hat einen Sohn und vertritt die Ansicht, daß eine Familie kein Hindernis für einen Bergsteiger ist. Er wurde 1951 geboren, lebt ebenfalls in Alma-Ata als Ingenieur auf dem Gebiet Bodenkunde.

In der Schulzeit hat er sich mit Schwimmen und Eiskunstlaufen beschäftigt, den Alpinismus nur vom Hörensagen gekannt. In den Sommerferien nach der siebten Klasse aber unternahm er einmal auf eigene Faust ganz allein eine Fahrt an den Fuß des Gebirges. Doch er verrechnete sich mit der Zeit, verspätete sich, bekam von seinen Eltern einen Rüffel und stellte fortan solche »Alleingänge« ein. Erst in der Studentenzeit trat er der Sektion Alpinismus bei und widmete sich ernsthaft dem Bergsteigen. Zusammen mit Walijew errang er mehrmals den Titel eines Landesmeisters. Sein Prinzip lautet: »In den Bergen ist kein Platz für Dilettantismus.« Er ist ein erfahrener Stratege und Taktiker, der jeden Aufstieg vorher genau analysiert und oft überraschende, ungewöhnliche Lösungen findet. Von Natur ist er weich, schüchtern, gutmütig.

206/207
Ein Achttausender ist auch der Cho Oyu nordwestlich vom Mount Everest; als erste bezwangen ihn französische Alpinisten

Der berühmte buddhistische Stupa von Bodnath, einem Vorort von Katmandu

Gegen 7 Uhr morgens treten Walijew und Chrischtschaty zum Gipfelangriff an. Letzterer geht nach wie vor ohne Sauerstoff, schleppt aber für alle Fälle zwei volle Flaschen mit. Der eisige böige Wind bläst ihnen durch Mark und Bein und reißt sie fast um. Er zerrt am Seil, das bei dieser Windstärke ständig zu einem Bogen gespannt zwischen den beiden in der Luft hängt, ohne daß es die verschnei-

ten Felsen berührt. Mit Mühe überwinden sie den Abschnitt vom Zelt bis zum Westgrat.

Der vorangehende Chrischtschaty steigt langsam in den Felsdurchbruch auf dem Grat ein und bleibt dort stehen. Nach einigen Minuten dreht er sich zu seinem Gefährten um, winkt in Richtung Zelt und kreuzt die Arme überm Kopf: Müssen umkehren, wir kommen nicht weiter. »Auf dem Everest umkehren?! Nie und nimmer! Dir fehlt's sicher nur an Sauerstoff? Dreh am Reduzierventil!«, schreit Walijew wütend, bemüht, das Geheul des Sturmes zu übertönen, und klettert den Grat empor.

»Ich steige auf den Grat hinauf«, schreibt er später im Tagebuch, »und werde von einer unerwartet starken Bö fast hinuntergeschleudert. Ich klammere mich an den Fels. Nein, hier kann man nicht aufrecht stehen, der Sturm reißt einen glatt um. An einer Biegung des Grates erreicht er seine maximale Geschwindigkeit und dröhnt einem geradezu unheimlich in den Ohren. Es ist ein Gefühl, als stehe man dicht vor einem Bahnübergang, und ein Schnellzug braust vorüber. Der Wind droht mich vom Grat zu reißen, doch ich halte mich an dem bis zur Haue eingerammten Eispickel fest. Eine ohnmächtige Wut würgt mich. Ich sehe, daß der Grat technisch nicht besonders schwierig, aber bei diesem Wetter unbegehbar ist. Wenn wir den Aufstieg fortsetzen, haben wir die Aussicht, entweder nach einer Stunde zu erfrieren oder vom Grat zu stürzen.«

Nach anderthalb Stunden haben Walijew und Chrischtschaty das vom Wind halb eingerissene Zelt wieder erreicht und suchen Verbindung mit dem Basislager aufzunehmen, um vom erfolglosen Angriff Meldung zu machen. Das völlig eingefrorene Funkgerät funktioniert nicht. Was nun tun? Sie können nur warten, auf eine Wetterbesserung hoffen. Eine Stunde verstreicht, eine zweite, dritte, vierte ... Und der Wind macht überhaupt keine Anstalten, sich zu legen.

Über dem Everest geht die Sonne auf, und es wird ein wenig wärmer im Zelt. Das Funkgerät »taut auf« und funktioniert wieder. Sie melden den mißlungenen Versuch nach unten und erhalten die Erlaubnis zu einem zweiten, falls sich das Wetter bessert. Walijew und Chrischtschaty warten also weiter, doch der Sturm wütet noch immer mit unverminderter Wucht. Im Basislager wartet man inzwischen auf die Ankunft der ersten Bezwinger des Everest.

Vom Lager I an ist Myslowski auf Rat des Doktors hin mit der Sauerstoffmaske weitergegangen. Er fühlt sich schon viel besser und steigt in einer Seilschaft mit seinem »Leibarzt« Berschow ziemlich schnell über den Eisbruch ab. Balyberdin überwindet den Khumbu zusammen mit Turkewitsch. Im unteren Teil des Eisbruchs kommen ihnen Romanow und Owtschinnikow, Troschtschinenko und Onischtschenko sowie die Film- und Fernsehleute entgegen, die die Rückkehr der Everest-Bezwinger filmen wollen.

Troschtschinenko nimmt Balyberdin den Rucksack ab, der noch immer seine zwanzig Kilogramm wiegt, und gibt ihm statt dessen eine Kraxe mit nur einer Kamera zum Tragen. »Ich fühlte mich wie beflügelt«, liest man in Balyberdins Tagebuch, »rutschte wie auf Gleitschuhen über die Eisbrocken, übersprang Spalten und empfand ein unbeschreibliches Glücksgefühl in der Wärme, in der strahlenden Sonne, der dichten Luft und vor eigenem Wohlbehagen.«

Im Basislager ist man nicht dazu gekommen, sich besondere Zeremonien für den Empfang auszudenken, der bescheiden und herzlich ist. Alle umarmen die Jungs, klopfen ihnen auf die Schultern, sagen ihnen ein paar freundliche Worte und stellen Fragen, Fragen über den Berg und ihren Sieg über ihn. Doch in den endlosen Fragen und Antworten schwingt bisweilen die Sorge um jene mit, die sich noch oben befinden, für die der Gipfel des Everest bis jetzt noch immer nur ein Wunschtraum ist ...

In der zweiten Tageshälfte wird der Wind oben böig, ein Zeichen, daß die Kraft des Orkans nachläßt und daß es Zeit ist für Walijew und Chrischtschaty, sich für den Aufstieg bereitzumachen. Um fünf Uhr abends brechen sie aus dem Lager V auf. Diesmal setzen beide die Sauerstoffmasken auf, ziehen die gesamte warme Kleidung an, als ob sie einen planmäßigen nächtlichen Aufstieg vor sich hätten.

Nicht lange danach erreichen auch Iljinski und Tscheptschew die Höhe von 8500 Metern. Sie sind ihren Kameraden dicht auf den Fersen (jetzt trennt sie weniger als eine Stunde) und beschließen in ihrem Übereifer, den Weg zum Gipfel ohne Ruhepause im Lager V fortzusetzen.

»Dürfen wir gleich hinter ihnen her?« fragt Iljinski im Basislager an.

»Nein!« dämpft der Expeditionsleiter ihren Enthusiasmus.

»Dann brechen wir morgen früh so zeitig wie möglich auf«, schlägt Iljinski vor.

»Nein, wartet ihre Rückkehr ab«, lautet Tamms Antwort.

In allen Lagern beginnt nun ein langes Warten. Alle Funkgeräte sind auf Empfang geschaltet. Inzwischen bewegen sich Walijew und Chrischtschaty auf das ersehnte Ziel zu. Es dunkelt. Der Mond verschwindet häufig in Wolken, und dann müssen sie sich buchstäblich vorwärts tasten. Das Wetter ist »außer Rand und Band«, der Sturm reißt sie fast um. Schritt um Schritt trotzen sie dem steilen Grat und den eisigen Windböen ab.

8. Mai

Walijew und Chrischtschaty setzen den Weg zum Gipfel fort. »Ich werde das Gefühl nicht los«, notiert Walijew später im Tagebuch, »daß uns die andere Seilschaft bald einholt. Ich muß mich zusammenreißen, um nicht immer wieder zurückzublicken, nach unten auf den Grat. Es sind dies keine Halluzinationen. Vielleicht kommt das daher, daß unsere Freunde, die sich Sorgen um uns machen, in Gedanken bei uns sind. Es ist ein ganz eigenartiges, subtiles Gefühl, das man mit Worten nicht wiedergeben kann. Ich erlebe so etwas zum erstenmal.«

Beinahe neun Stunden sind verstrichen, seit sie vom Lager V aufgebrochen sind. Chrischtschaty führt die ganze Zeit, erst ganz am Ende dreht er sich nach seinem Partner und Freund um und bedeutet ihm mit einer Handbewegung: »Geh du voran!« Um 1.47 Uhr erreichen sie das Ziel. Sie umarmen einander und bleiben eine Weile auf dem höchsten Punkt der Erde stehen. Bisweilen hüllen Wolken sie ein, dann wieder weichen diese nach unten zurück, so daß beinahe in der gleichen Höhe mit ihnen der kalte Mond zu sehen ist.

Nach zehn Minuten beginnen Walijew und Chrischtschaty mit dem Abstieg. Ihre gesamte Kleidung ist mit einer dünnen Eisschicht überzogen. Walijew zerrt mit Mühe das Funkgerät unter diesem Eispanzer hervor und versucht, die Basis zu rufen, doch das Signallämpchen leuchtet nicht auf – die Batterie streikt. Dennoch ruft er, in der Hoffnung, daß sie schon irgend jemand im Äther hören werde: »Basis, Basis! Wir steigen vom Gipfel ab, alles in Ordnung!«

Im Basislager vernimmt man lediglich: »Basis, Basis ...«

Nichts weiter. Zehn Stunden sind seit dem Aufbruch Walijews und Chrischtschatys aus dem Sturmlager vergangen. Zuviel selbst für eine der stärksten Seilschaften des Landes. Zwei weitere Stunden vergehen, nochmals zwei, und sie sind noch immer nicht zurückgekehrt. Die Funkgeräte in allen Lagern schweigen hartnäckig. Die Spannung steigt.

Es tagt. Fünfzehn Stunden sind verstrichen, von den beiden noch keine Spur. Iljinski und Tscheptschew frühstücken, ziehen sich an und bereiten sich auf eine Rettungsaktion vor. 8.30 Uhr, bei der nächsten Sprechverbindung, wird ihre Entscheidung von der Basis bestätigt: »Geht nach oben!« In diesem Moment vernimmt Iljinski einen Ruf. »Da ruft jemand! Wahrscheinlich sind die Jungs im Anmarsch«, teilt er Tamm mit. »In dreißig Minuten melden wir uns wieder.«

»Als ich den Ruf hörte«, erinnert sich Tscheptschew, »sprang ich sofort aus dem Zelt. Natürlich konnte ich nicht zu ihnen hinrennen, doch hatte ich das Gefühl, ich hätte Kasbek im Nu erreicht. Er lag halb, mit den Ellbogen auf einen Stein gestützt, sah schrecklich mitgenommen aus. ›Wie geht's dir?‹ fragte ich. ›Alles in Ordnung, Chrischtschaty muß auch gleich kommen.‹ Ich half Kasbek beim Aufstehen und führte ihn ins Zelt, wo Iljinski ihn mir abnahm, und ich wartete auf Chrischtschaty. Wir gaben den Jungs sofort Sauerstoff. In dieser Höhe hat er, neben allem anderen, auch noch die Wirkung, daß er einen erwärmt.«

Nach fünfzehn Stunden Schwerstarbeit, die drei letzten ohne Sauerstoff, sind Walijew und Chrischtschaty am Ende ihrer Kräfte und völlig durchfroren. Sie ringen nach Luft und sind nicht imstande, das Gas aus den Flaschen sofort einzuatmen. Allmählich aber zeigt der Sauerstoff seine belebende Wirkung. Die beiden kommen wieder zu sich.

Sie erzählen, wie schön der Tagesanbruch über dem Himalaja gewesen sei. Wie sie gleichzeitig den noch nicht ganz hinter dem Horizont verschwundenen Mond und die eben erst aufgegangene Sonne gesehen hätten – links eine weiße Kugel und rechts eine rote. Von Minute zu Minute geht es Walijew und Chrischtschaty besser. Sie versichern ihren Kameraden, sie seien in der Lage, allein abzusteigen. Iljinski und Tscheptschew machen sich nach kurzer Verständigung mit der Basis zum Gipfelangriff bereit.

Jerwand Iljinski

41 Jahre. Als er am Institut studierte, dachte er noch nicht ans Bergsteigen. Es reichte ihm völlig, der ersten Mannschaft im Fechten und im Fünfkampf anzugehören. Bis ihm eines Tages der Journalist und Bergsteiger Sarym Kuderin sein Büchlein mit Versen von den Bergen und einen Eispickel schenkte. Dieser Gedichtband, der im Hause Iljinski wie ein Schatz gehütet wird, gab seinem Leben eine jähe Wende.

Heute zählt Iljinski zu den erfahrensten und angesehensten sowjetischen Alpinisten. Nicht weniger als siebzehnmal hat er in seiner Heimat Siebentausender bestiegen. Man wählte ihn zum Parteiorganisator der Himalaja-Expedition. Er arbeitet als Trainer des Armeesportklubs in Alma-Ata und hat viele inzwischen bekannt gewordene Bergsportler ausgebildet.

Nach Meinung erfahrener Höhenalpinisten ist Iljinskis Haupteigenschaft die Fähigkeit, vor und während eines Aufstiegs viele Schritte im voraus berechnen zu können. Er hat mehr als einmal neue Routen auf Siebentausender vorgeschlagen, deren Bewältigung ihm und seinen Zöglingen den Titel Landesmeister eintrugen. Nicht zufällig war es Iljinski, der während der Vorbereitung der Himalaja-Expedition nach Nepal geschickt wurde, um die Route über den Pfeiler der Südwestwand des Everest zu erkunden.

Iljinskis ganzes Leben ist mit den Bergen verbunden. »Wenn im Gebirge jemand in Not geraten ist, dann klingelt man bei uns zu Hause, ganz gleich, zu welcher Tages- oder Nachtzeit«, erzählt seine Frau Natascha. »Jerwand packt dann den Rucksack zusammen, und auf die Frage des Sohnes ›Wohin?‹ antwortet er scherzend: ›Da sind Touristen auf einen Berg hinaufgekraxelt, und nun wissen sie nicht, wie sie wieder herunterklettern sollen …‹ Sagt's und verschwindet.«

Früher hat sich auch seine Frau dem Klettersport gewidmet, heute ist sie eine begeisterte alpine Skiläuferin. Sohn Sergej geht schwimmen, doch der Vater ist überzeugt, daß er früher oder später mit ihm zusammen in die Berge gehen wird.

Sergej Tscheptschew

Jahrgang 1947, ist Geologe von Beruf. Dem Alpinismus wandte er sich in der Sektion des Polytechnischen Instituts in Alma-Ata zu, die sein Seilgefährte Jerwand Iljinski leitete, und erzielte bald gute Ergebnisse. Seine Leidenschaft sind Felsen. Sergej ist einer der stärksten Felsklet-

terer der Sowjetunion. Einmal hat er zusammen mit einem Gefährten an einem einzigen Tag den tückischen Uschba im Kaukasus traversiert – nie zuvor hatte jemand diese außerordentlich schwierige kombinierte Eis-Fels-Route so schnell zurückgelegt. Beim Training in den Bergen hatte er auch seine jetzige Frau Alla kennengelernt.

Wie charakterisiert sie ihren Mann? »Vor allem ist er außerordentlich praktisch im Haus. Ein Bücherbord anfertigen, den Fernseher in Ordnung bringen – er kann einfach alles. Neulich hat er zum Beispiel sogar eine alte Schweizer Uhr repariert. Er liebt die Jagd, Motorradfahren, alpinen Skilauf. Und bei allem findet er immer Zeit für unsere Tochter. Doch seine erste Liebe sind die Berge.«

Eines Tages hatte sich Tscheptschew auf dem Pik Prshewalski im Tienschan die Füße erfroren. Sie schmerzten danach zwei Jahre lang. Selbst seine Freunde waren davon überzeugt, daß er niemals wieder hohe Berge besteigen könne. Doch Sergej kehrte zum Alpinismus zurück, und bei der ersten Besteigung nach der Krankheit wurde er ein weiteres Mal Landesmeister.

Den Everest zu bezwingen, das ist sein alter Traum. Schon in Alma-Ata, als er die Fotos von der Südwestwand betrachtete, die Iljinski aus Nepal mitgebracht hatte, meinte er: »Da sieh mal, etwas unterhalb des Gipfels, das ist ein interessanter Felsabschnitt. Ich schaue ihn mir jeden Tag ganz genau an, ich träume sogar schon von ihm ...«

Doch weder Tscheptschew noch Iljinski ist es vergönnt, zu diesem »interessanten Felsabschnitt etwas unterhalb des Gipfels« zu gelangen. Als sie am Morgen Verbindung mit der Basis aufnehmen, erfahren sie, daß Walijew und Chrischtschaty die letzten Stunden bei fast minus 40 °C ohne Sauerstoff abgestiegen sind. Tamm interessiert sich zuallererst dafür, ob die beiden Erfrierungen hätten. Dann findet ein langes und schwerwiegendes Gespräch statt, das über Iljinskis und Tscheptschews Schicksal entscheidet.

Iljinski: »Erfrierungen? Nur unbedeutende.«

Tamm: »Verstehe. Aber Doktor Orlowski fragt: Erfrierungen wo? Der Finger, Hände, Füße?«

Iljinski: »Na ja, der Finger. Ist nicht weiter schlimm. Ein paar Blasen. Keine farblichen Veränderungen.«

Tamm: »Verstehe, verstehe. Also folgendes, Jerwand:

Kein weiterer Aufenthalt dort – im Lager V, im Lager V. Alle gemeinsam absteigen. Ihr beiden müßt die Jungs nach unten begleiten, nach unten begleiten, habt ihr verstanden?«

Iljinski: »Ich persönlich meine allerdings, es ist nicht unbedingt nötig, daß wir die Jungs begleiten!«

Tamm: »Und ich meine, es ist nötig, Jerwand. Macht es so, wie ich sage. Nach sechzehn oder meinetwegen fünfzehn Stunden Arbeit da oben müssen sie jetzt sofort nach unten. Selbst wenn sie nur Blasen oder ähnliches haben, sozusagen im Eifer des Gefechts könnten sie schon noch weiterarbeiten, aber was wird dann? Sie müssen sich dort in die Seile einhängen, und das wird dann eine lange Geschichte. Es hilft alles nichts, ihr müßt zusammen absteigen.«

Iljinski: »Ich verstehe Sie schon. Aber ich sehe doch selber ihren Zustand und bin der Meinung, daß überhaupt keine Notwendigkeit besteht.«

Tamm: »Um so besser. Dann braucht ihr sie also nur zu begleiten und nicht abzuseilen. Doch sie in dieser Verfassung allein absteigen lassen, das geht nicht.«

Iljinski: »Alles klar, völlig klar! Mit einem Wort, wir kommen nicht mehr auf den Berg, ja? Gehe auf Empfang.«

Tamm: »Ja, so ist's. Ja, ja, ihr begleitet die Jungs nach unten – und das ist eine Anweisung.«

So ist der ersehnte Gipfel, von dem Iljinski und Tscheptschew alles in allem nicht mehr als 348 Meter in der Vertikalen trennen, für die beiden mit einemmal in unerreichbare Ferne gerückt.

»Für Jerwand und Sergej war die erzwungene Umkehr ein harter Brocken«, schreibt Jewgeni Tamm im Tagebuch. »Weder sie noch ich waren und sind völlig überzeugt davon, daß sie unumgänglich war. Doch die Probe aufs Exempel kann man in einem solchen Fall nicht machen. Ein ganzer Komplex von Umständen hat meine Entscheidung beeinflußt. Und wenn ich nochmals vor der Frage stünde, ich würde wieder so entscheiden. Ausschlaggebend war, daß nach so vielen Stunden Aufenthalt in über 8500 Meter Höhe und unter Bedingungen, wie sie Walijew und Chrischtschaty erlebt haben, das Risiko, sie sich selbst zu überlassen, zu groß gewesen wäre.

Im tiefsten Innern haben das gewiß auch Iljinski und Tscheptschew begriffen. Nur war es für sie schwerer: Sie waren es, die nach unten gehen mußten, nicht ich. Sie hätten nur dann die Jungs sich selbst überlassen und wären nach oben gegangen, wenn sie den ausdrücklichen Befehl dazu erhalten hätten. Daran kann kein Zweifel bestehen.«

Der Leiter der Expedition sollte recht behalten. Als alles vorüber war, als sich die Wogen der Leidenschaften geglättet hatten und Iljinski und Tscheptschew in der Lage waren, sich an Tamms Stelle zu versetzen, der sich unten um das Schicksal der ihm anvertrauten Menschen sorgte, da gaben sie doch zu, daß sie damals ihre Kameraden wohl kaum sich selbst überlassen hätten.

Zur Bestätigung dessen geben wir das Stenogramm einer der zahllosen Pressekonferenzen wieder, bei denen die Journalisten immer von neuem auf diese Episode zu sprechen kamen. Mit folgenden Worten schätzten die beiden Bergsteiger selber einige Zeit später die damalige Situation ein:

Chrischtschaty: »Wir gehörten alle derselben Seilschaft an. Und wenn bei einem einmal etwas nicht klappte, so war das auch unsere Schuld mit. Es fällt uns schwer, von unserer Siegesfreude zu sprechen, obwohl Walijew und ich sie in vollem Maß genossen haben. Doch die Freude erlosch, als wir erfuhren, daß unsere Freunde Iljinski und Tscheptschew unsertwegen nicht den Everest besteigen konnten. Was mit ihnen geschehen ist, das ist für Bergsteiger mehr als eine Tragödie ...«

Iljinski: »Nun ja, aber es gibt dennoch wohl größeren Kummer im Leben. Freilich, ich bin schon über vierzig und werde kaum noch einmal die Chance haben, zum Angriff auf den Everest anzutreten. Doch damals ... Obwohl die Jungs selber meinten, daß sie allein absteigen könnten, hundertprozentig davon überzeugt war ich nicht. Und ich dachte: Wenn nicht du sie nach unten bringst, wer sonst? Es sind ja meine Freunde und Schüler, ich trainiere sie seit 1972. Außerdem habe ich gewußt, daß bei Chrischtschaty jedwede Erfrierungen – ob leichte oder schwere – immer mit starken Schmerzen verbunden sind.«

Tscheptschew: »Ehrlich gesagt, wir hätten damals nach oben gehen können. Doch wenn wir das getan hätten, würde ich mir das mein Leben lang nicht verziehen haben. Für immer wäre ein Schuldgefühl geblieben.«

Iljinski: »In Moskau wurde bei Chrischtschaty an den erfrorenen Zehen eine kleine Operation vorgenommen.

Hätten wir den Abstieg der ersten Seilschaft nicht beschleunigt, wären die Folgen womöglich weit schlimmer gewesen. Unser Gewissen ist rein. Und ein reines Gewissen ist mehr wert als der höchste Gipfel der Welt.«

Doch wir sind den Ereignissen wiederum weit vorausgeeilt. Damals, am Morgen des 8. Mai, hat Iljinski beschlossen, die beiden allein zu begleiten. Wenigstens sein Schüler und Seilgefährte Tscheptschew soll seine Chance nicht einbüßen. Er will ihm seinen Sauerstoff dalassen, und Tscheptschew soll versuchen, den Everest zusammen mit der sich von unten nähernden Gruppe zu bezwingen.

Iljinski nimmt Funkverbindung mit der Gruppe Chomutow auf, die sich im Lager III befindet. Es stellt sich heraus, daß die erst am 10. Mai zum Gipfelangriff antreten will. Und das bedeutet, daß Tscheptschew noch zwei Nächte in 8500 Meter Höhe verbringen müßte. Dreimal vierundzwanzig Stunden in der »Todeszone« – das ist zu riskant. Also geht Iljinskis Viererseilschaft nach unten, der Trupp Chomutow nach oben ins Lager IV.

Gegen vier Uhr nachmittags erreicht Chomutow als erster Lager IV. Dort begegnet er der Viererseilschaft Iljinski, die ohne großes Gepäck nach unten zieht. Seine Gruppe dagegen hat schwer an dem Sauerstoff (jeder buckelt fünf Flaschen), am Benzin und an der Verpflegung zu schleppen. Um 18 Uhr, genau nach Plan, nimmt Chomutow Verbindung mit dem Basislager auf, wo man ihm einen Funkspruch aus Moskau vorliest: »Allen Alpinisten, die an der Arbeit der Expedition teilgenommen haben, wird der Titel Verdienter Meister des Sports verliehen.«

»Allen«, fragt Chomutow zurück, »oder nur denen, die auf dem Gipfel waren?«

»Allen«, bestätigt Tamm.

Es stellt sich heraus, daß diese Worte so aufzufassen sind: Wegen der Wetterverschlechterung und um ein unnötiges Risiko zu vermeiden, sind alle Aufstiege abzubrechen.

»Das ist ein Befehl«, fügt Tamm hinzu. »Im übrigen aber seht selbst ...«

»Eben kommen Putschkow und Golodow herauf. Wir werden darüber bis zur Funkverbindung 20 Uhr nachdenken«, bittet Chomutow um Aufschub für seine Entscheidung.

Bald ist die gesamte Gruppe im Lager V versammelt. Es findet ein kurzes, aber erregtes Gespräch statt. Sie beschließen, den Gipfel nicht, wie ursprünglich vorgesehen, am 10. Mai zu stürmen, sondern einen Tag früher, also am 9. Mai, einem besonders denkwürdigen Tag. Sind doch viele Verwandte und nahe Bekannte von Teilnehmern der Himalaja-Expedition durch die Feuerprobe des zweiten Weltkriegs gegangen, viele nicht zurückgekehrt. Mit der Bezwingung des Everest am »Tag des Sieges« könnten die Gipfelstürmer die Lebenden und das Andenken jener ehren, die im Kampf gegen den Faschismus gefallen sind.

Um ihren Plan zu verwirklichen, müssen sie an einem einzigen Tag den »Sprung« vom Lager III bis Lager V schaffen, das heißt, auf der außerordentlich komplizierten Felsroute siebenhundert Meter Höhenunterschied bewältigen. Die Aufgabe ist schwierig, aber nicht unlösbar. Von ihren Kräften sind sie überzeugt, und auch der Sauerstoff reicht völlig aus. Ohne zu zögern, brechen Chomutow, Putschkow und Golodow aus Lager IV auf.

Waleri Chomutow

Der 39jährige Waleri Chomutow arbeitet in einem wissenschaftlichen Forschungsinstitut für Nachrichtentechnik in Moskau. In die sowjetische Hauptstadt ist er erst vor fünfzehn Jahren übergesiedelt. Geboren wurde er in der Ukraine, wo er auch zur Schule gegangen ist und studiert hat. In seiner Studentenzeit fuhr er einmal in den Ferien in den Kaukasus, nach Dombai, und dort bestieg er seinen ersten Berg, den nicht allzu schwierigen Sofrudshu.

Seitdem fährt er jedes Jahr in die Berge. 1970 bezwang Chomutow seinen ersten Siebentausender, den Pik Lenin im Pamir. Er beteiligte sich regelmäßig an Höhenexpeditionen, und jetzt stehen bereits sieben Besteigungen von Siebentausendern der Sowjetunion auf seinem Konto.

Waleri behauptet, daß ihm das Sportlerglück nicht besonders gewogen sei: »Es ist offenbar mein Schicksal, immer der Letzte zu sein. In den Kandidatenlisten der Himalaja-Expedition stand ich anfangs sogar unter dem Strich. Und als ich, für mich ganz unerwartet, doch noch in die Mannschaft aufgenommen worden war, flog ich nach Nepal als letzter.

Auch zum Sturm auf den Everest trat ich mit der letzten Gruppe an ...«

Chomutows Pessimismus haben seine Frau, sein Sohn

und seine Tochter nie geteilt. Sie zweifelten nicht daran, daß er den höchsten Berg unseres Planeten bezwingen würde. Und selbst wenn als einer der letzten in der Mannschaft – der Sieg über den Everest ist deswegen nicht weniger wertvoll.

Wladimir Putschkow

Den gleichen Standpunkt vertreten auch Frau, Sohn und Tochter von Wladimir Putschkow. Er wurde 1941 geboren, ist Kandidat der technischen Wissenschaften und wissenschaftlicher Mitarbeiter an einem Moskauer Institut der Akademie der Wissenschaften der UdSSR.

Sein Vater erzählt von Wolodja: »Er ist ein geselliger Mensch, spielt Gitarre, singt und ist gern in Gesellschaft. Doch zugleich ist er hart gegen sich selbst, wenn es darum geht, ein Ziel zu erreichen. Nach der Schule bewarb er sich um ein Studium an der Moskauer Technischen Hochschule ›N. E. Baumann‹, bestand aber die Aufnahmeprüfung nicht. Da wurde er Transportarbeiter, nachts und an arbeitsfreien Tagen aber büffelte er. Im folgenden Jahr legte er dann die Aufnahmeprüfung erfolgreich ab. Im Institut fand er zum Alpinismus, und in den Bergen lernte er auch seine spätere Frau kennen.«

Dem ist hinzuzufügen, daß Putschkow auch nach dem Abschluß des Studiums, nach seiner Heirat und der Geburt seiner beiden Kinder nicht wieder von den Bergen loskam. Er fuhr fort, aktiv zu trainieren. Siebenmal (fünfmal auf Routen des höchsten Schwierigkeitsgrades) bestieg er Siebentausender des Landes, wurde Landesmeister in der Klasse Bergsteigen in großen Höhen. Er durchlief erfolgreich das komplizierte Auswahlverfahren und wurde in die Himalaja-Mannschaft eingereiht.

Juri Golodow

wollen wir ebenfalls mit den Worten seines Vaters vorstellen: »Zum Bergsteiger hat ihn seine Liebe zur Natur, seine Wißbegier gemacht. Schon als Junge hat er sich mit Gräsern und Vögeln beschäftigt und alles mögliche ausgegraben. Seine Taschen waren immer vollgestopft mit irgendwelchen Dingen, mit Eisenteilen zum Beispiel, von denen Juri behauptete, daß es Überreste von Waffen Tschinggis-Chans seien. Eines Tages haben ihn in den Ferien Archäologen mitgenommen – als Koch. Die Arbeit machte ihm Spaß, doch als man ihn einmal zum Angeln einlud, lehnte er zornig ab: »Fische soll man züchten, aber nicht fangen ...«

Fische fangen mag Golodow bis heute nicht, er züchtet

lieber welche. Er ist nämlich wissenschaftlicher Mitarbeiter am Kasachischen Forschungsinstitut für Fischzucht und auf die Züchtung wertvoller Karpfenarten spezialisiert. Seine ganze Freizeit widmet er dem Alpinismus, den Bergen ist er geradezu verfallen. Über seine Kondition kursieren ganze Storys. »Wenn alle anderen schon völlig entkräftet sind, schlägt Juri noch immer die Haken ein, als mache ihm das gar nichts aus«, meinen seine Kameraden von ihm.

Golodow ist mehrfacher Landesmeister im Bergsteigen in großen Höhen. Zehnmal hat er Siebentausender der Sowjetunion bezwungen. Frau und Tochter Juris teilen seine Liebe zu den Bergen. Am 5. Mai, an dem Tag, als sie aus dem Basislager zum Sturm auf den Everest aufbrachen, wurde er 38 Jahre alt.

Bei der abendlichen Funkverbindung mit der Basis, um 20 Uhr, befinden sich die drei auf dem Weg zum Lager V unterhalb des Gipfels. Sie kommen zügig voran, doch bis 8 500 Meter Höhe würden sie es bei Tageslicht freilich nicht mehr schaffen, obwohl sie sich eigentlich darauf eingerichtet hatten.

»Basis! Basis! Hier ist die Vierte«, meldet sich Chomutow (»Vierte« war die Kurzbezeichnung für die Gruppe – D. M.).

»Wo befindet ihr euch?« fragt Tamm.

»Am vierten, fünften Seil zwischen den Lagern. Wir wollen trotzdem noch bis 8 500 Meter kommen, um morgen, am Tag des Sieges, den Gipfel zu bezwingen«, sagt Chomutow.

»Na, dann geht!« antwortet der Expeditionsleiter nach kurzer Pause.

Sie setzen den Weg bei völliger Dunkelheit fort, ihr Ariadnefaden ist das Seilgeländer. Nach mehrstündigem »blindem« Aufstieg erklimmt der als erster gehende Putschkow schließlich irgendeinen Grat. Kalter schneidender Wind bläst ihm ins Gesicht. Höchstwahrscheinlich ist es der Westgrat, das Zelt von Lager V muß also ganz in der Nähe sein. Und bald hat er es auch gefunden. Der Eingang ist akkurat zugebunden. Um den Knoten der Schnur zu lösen, muß Putschkow die Handschuhe ausziehen. Seine Hände sind im Nu steif, doch er schafft es dennoch und kriecht, ohne die Steigeisen abzulegen, ins Zelt. Kurz danach treffen Chomutow und Golodow ein. Es ist gegen Mitternacht.

9. Mai

Der phlegmatische Mond hängt über den Zacken der Himalajagipfel. Es ist völlig still, der Wind hat sich endgültig gelegt. Das Wetter scheint sich nicht nach der Vorhersage zu richten, die für den 9., 10. Mai eine jähe Verschlechterung angekündigt hat. Sie holen Zucker und gedörrte Aprikosen hervor, kochen sich Tee. Ihr Befinden ist gut, die Stimmung ebenfalls. Als sie im Rucksack einige gesalzene Fische entdecken, die ihnen »Hauptérnährer« Woskoboinikow vor dem Aufbruch aus dem Basislager noch zugesteckt hat, witzeln sie: »Jetzt fehlt nur noch ein Gläschen Bier.«

Gegen 2 Uhr nachts kommen sie endlich zur Ruhe. Sie kriechen in die Schlafsäcke, ohne die Stiefel auszuziehen, da sie dadurch am Morgen eine ganze Stunde sparen. Sie schließen sich an die Flaschen an, die sie auf Minimalverbrauch eingestellt haben. Möglicherweise brauchen sie gar nicht mit Sauerstoff zu sparen, doch sie haben sich in den letzten Tagen bereits an die nächtliche Norm – einen halben Liter pro Minute – gewöhnt. Um fünf Uhr morgens wollen sie aufstehen.

Golodow soll die Kameraden wecken. »Der Alpinismus hat meinem Organismus so etwas wie eine ›biologische Uhr‹ eingepflanzt«, erinnert er sich. »Ich schlief ruhig, wußte, daß ich zur festgesetzten Zeit aufwachen würde. Als ich die Augen aufschlug, war es dreiviertel fünf. Für zwölf Minuten schlief ich nochmals ein. Dann rappelte ich mich auf und zündete den Primuskocher an. Im Zelt waren minus 28 °C, draußen minus 40 °C. Ich rüttelte die anderen wach.«

Alles im Zelt ist mit Reif bedeckt: die Masken, die Schlafsäcke, die Daunenjacken, die Sauerstoffflaschen. (»Wir hatten das Gefühl, in einer tiefen Gletscherspalte zu sitzen«, notierte Chomutow später in seinem Tagebuch.) Als der Kocher brennt, wird es im Zelt sogleich wärmer, und sofort steigt die Stimmung. Die Vorbereitungen nehmen eine Stunde in Anspruch. Um sechs Uhr brechen Chomutow, Putschkow und Golodow, alle drei durch ein Vierzigmeterseil miteinander verbunden, zum Gipfelangriff auf.

Es ist eisig kalt, und sie frieren mächtig. Gegen 8 Uhr lugt die langersehnte Sonne hinter dem Gipfel des Everest hervor. Die Füße werden allmählich warm. Halb neun ruft Tamm die »Troika«:

»Herzlichen Gückwunsch zum Tag des Sieges! Wo seid ihr jetzt?«

»Haben die rotbraunen Felsen hinter uns. Bis zum Gipfel sind's noch drei Stunden«, antwortete Chomutow.

»Große Klasse seid ihr«, ertönt es von unten.

Nach Sonnenaufgang verschlechtert sich das Wetter. Heftiger Wind kommt auf, der sie vom Grat zu blasen droht. Sie müssen etwas unterhalb von ihm gehen, was das Vorankommen wesentlich erschwert. Sie bewegen sich äußerst vorsichtig, wohl wissend, daß der geringste Fehler alles bisher Erreichte zunichte machen kann. Siegesgewiß nähern sie sich dem Ziel. Um 11.30 Uhr ruft Chomutow das Basislager:

»Basis, Basis! Wie hört ihr mich?«

»Verstehen euch ausgezeichnet. Seid ihr auf dem Gipfel?«

»Ja, Jewgeni Igorewitsch, wir sind oben«, schreit Chomutow ins Funkgerät.

»Ich gratuliere euch, seid prächtige Burschen! Glückwunsch von allen!«

Auf dem Gipfel unseres Planeten verbringen Chomutow, Putschkow und Golodow etwa eine halbe Stunde, fotografieren einander und das Panorama der Himalajariesen, die sich bis zum Horizont hin auftürmen.

»Was seht ihr auf dem Gipfel?« fragt der nepalesische Verbindungsoffizier wiederum pflichtgemäß aus dem Basislager. »Den Dreifuß, die Flaggen der UdSSR, Nepals und der UNO, die Wimpel jener sowjetischen Sportklubs und -vereinigungen, deren Mitglieder den Everest bestiegen haben, leere Sauerstoffflaschen, eine Filmkamera ...« zählt Chomutow im einzelnen auf. Der Offizier fordert ihn auf, die Filmkamera nicht auf dem Gipfel liegenzulassen. Er solle sie aber nicht nach der chinesischen, sondern nach der nepalesischen Seite in die Tiefe werfen. Dem muß man sich fügen.

Alle Bewohner des Basislagers drängen sich um das Funkgerät, um die Nachricht vom Gipfel zu hören. Die Dreierseilschaft bereitet sich auf den Abstieg vor. Alle da unten warten, was deren Leiter wohl jetzt sagen werde, und Chomutow muß an diesem Feiertag ja irgend etwas Bedeutendes von sich geben.

Und so meldet er:

»Wir sowjetischen Bergsteiger, die wir den Everest am neunten Mai neunzehnhundertzweiundachtzig bezwungen haben, grüßen im Gedenken an den Tag des Sieges über das faschistische Deutschland das ganze Sowjetvolk und alle Völker der Welt, die gegen den Faschismus gekämpft haben, erheben auf dem Gipfel des Everest zu Ehren dieses Siegestages unsere Eispickel. Hurra!«

So endete die erste sowjetische Himalaja-Expedition. Elf Bergsteiger der Sowjetunion haben den höchsten Berg unseres Planeten über den Pfeiler der Südwestwand bestiegen, auf einer Route, die bis dahin als unbegehbar galt. Das Verdienst, diesen schwer erkämpften Sieg über den Mount Everest errungen zu haben, gebührt allen Teilnehmern – sowohl denen, die den Gipfel erklommen haben, als auch jenen, denen das nicht vergönnt gewesen ist. Auch allen, die an der Vorbereitung und Organisation der Expedition beteiligt waren, allen, die die sowjetische Bergsteigerschule mitbegründet haben. Allen, allen gleichermaßen. Denn im Alpinismus gibt es keine »Statisten« und keine »Stars«.

Erläuterungen

Alleingang – Besteigung eines Gipfels ohne Sicherung durch einen Partner; der Bergsteiger ist dabei auf sich gestellt und nur auf die Selbstsicherung angewiesen

Bergkrankheit (Höhenkrankheit) – durch Druckminderung und sinkenden Sauerstoffgehalt der Atemluft in Höhen über 3000 m einsetzende Störung des Allgemeinbefindens, macht sich durch Herzklopfen, Kopfschmerzen, Übelkeit und hochgradige Ermüdung bemerkbar, die bis zu Bewußtseins- und Gleichgewichtsstörungen sowie Ohnmachtsanfällen führen kann

Bonington-Couloir – ein Abschnitt der Route, die die englische Expedition unter Leitung von Chris Bonington (1975) an der Südwestwand des Everest gegangen ist

Complamin – im Bergsport bei Erfrierungen angewandtes gefäßerweiterndes Medikament

Couloir – rinnenförmige Vertiefung an einem Steilhang oder einer Felswand, gewöhnlich die Bahn von Steinschlag, Schnee- oder Eislawinen

Direttissima (ital. »die Direkteste«) – die in gerader Linie auf einen Gipfel führende kürzeste Aufstiegsroute

Eispickel – einer Kreuzhacke ähnelndes unentbehrliches Ausrüstungsstück des Bergsteigers zum Stufenschlagen im Eis, zum Sichern, Sondieren usw.

Erstbegehung – die Besteigung eines Gipfels auf einer neuen Route (nicht zu verwechseln mit der Erstbesteigung eines Gipfels)

Firn – durch wiederholtes Auftauen und Wiedergefrieren körnig gewordener mehrjähriger Schnee des Hochgebirges, der allmählich in Firneis und Gletschereis übergeht

Fixseile → Seilgeländer

Gletscherspalten – Risse und Klüfte in den oberen starren Gletscherschichten; Querspalten entstehen an Stufen des Gletscheruntergrunds, Längsspalten durch Auseinanderfließen des Gletscherkörpers in der Gletscherzunge; an deren Ende bilden sich oft Radialspalten, am Gletscherrand findet man Randspalten

Haken, Felshaken – Teil der Bergsteigerausrüstung, unerläßlich zum Überwinden von Fels- und Eiswänden; ein Haken ist ein metallener Keil mit durchlochter Ausbuchtung, mit der er sich nach dem Einschlagen in eine Spalte an den Fels lehnen soll. Für Eiswände werden statt der früher üblichen Eishaken heute meist Eisschrauben und Eisspiralen verwendet

Hämmer – ebenfalls Teil der Bergsteigerausrüstung, dienen vor allem zum Einschlagen der Haken, außerdem zum Präparieren von Spalten und zur Bearbeitung von Felsvorsprüngen für die Sicherung. Sie sind mit einer Handschlaufe versehen und werden mit einer Schnur am Brustgurt gesichert. Man unterscheidet Fels-, Eis- und Universalhämmer

Hydrocortison – von den Bergsteigern vor allem als entzündungshemmendes Mittel verwendetes Medikament

Karabiner – im Bergsport metallene Verbindungsglieder, die hauptsächlich dazu dienen, das Seil mit den Haken, Eisschrauben oder dem Klettergürtel zu verbinden

Lawinenschaufel – leichte Aluminiumschaufel, die u. a. zum Planieren der Zeltplätze und zum Sichern in Lockerschnee am Eispickel befestigt wird

Präparieren (Versichern) einer Route – alle Maßnahmen, die den Aufstieg einer Bergsteigergruppe vorbereiten und soweit als möglich vor Gefahren sichern: das Anbringen von Fixseilen oder Seilgeländern, die Erkundung und Vorbereitung geeigneter Plätze für Zwischenlager usw.

Reepschnur – Hilfsseil des Bergsteigers, in der Regel aus dem gleichen Material wie das Hauptseil, jedoch dünner (3–9 mm Durchmesser), dient u. a. zur Sicherung an flacheren Hängen, zum Hochziehen von Gepäck und Ausrüstung, zur Zeltsicherung an Fels- oder Eiswänden

»Schlosserei« – Bergsteigerausdruck für alle Teile der Ausrüstung eines Alpinisten, die aus Metall (Stahl) bestehen (Haken, Hämmer, Karabiner, Schrauben usw.)

Schneeblindheit – mit Horn- und Bindehautentzündung verbundener zeitweiliger Verlust oder starke Beeinträchtigung des Sehvermögens, hervorgerufen durch gleißendes, vom Schnee zurückgestrahltes Sonnenlicht (Ultraviolettlicht)

Seilgeländer (Fixseile) – an beiden Enden und an dazwischen liegenden Punkten befestigte Seile, die der Sicherung des Alpinisten beim Auf- und Abstieg an technisch schwierigen Abschnitten der Route dienen

Sicherung – alpinistische Technik der Gefahrenverhütung, besonders der Verhinderung von Abstürzen, umfaßt die Selbstsicherung und die Sicherung des Seilgefährten durch das Seil sowie die Hilfsmittel zur Stabilisierung (Verankerung) am Berg (Eispickel, Felshaken, Eisschrauben, Schlingen)

Sirdar – soviel wie »Oberhaupt«, »Befehlshaber«, einheimische Bezeichnung für den Führer der Sherpas, die eine Expedition (in der Regel als Hochträger) begleiten

Steigeisen – mit Zacken versehene metallene Vorrichtung, die beim Gehen über Gletscher oder beim Steigen durch Eiswände unter die Sohlen der Stiefel geschnallt wird und es ermöglicht, Wände großer Steilheit (50–60°) ohne Stufenschlagen zu überwinden

Traversieren – im Bergsport das Queren eines Hanges oder einer Wand in horizontaler Richtung oder das Überschreiten eines oder mehrerer Gipfel einer Bergkette (Traverse)

Versichern → Präparieren

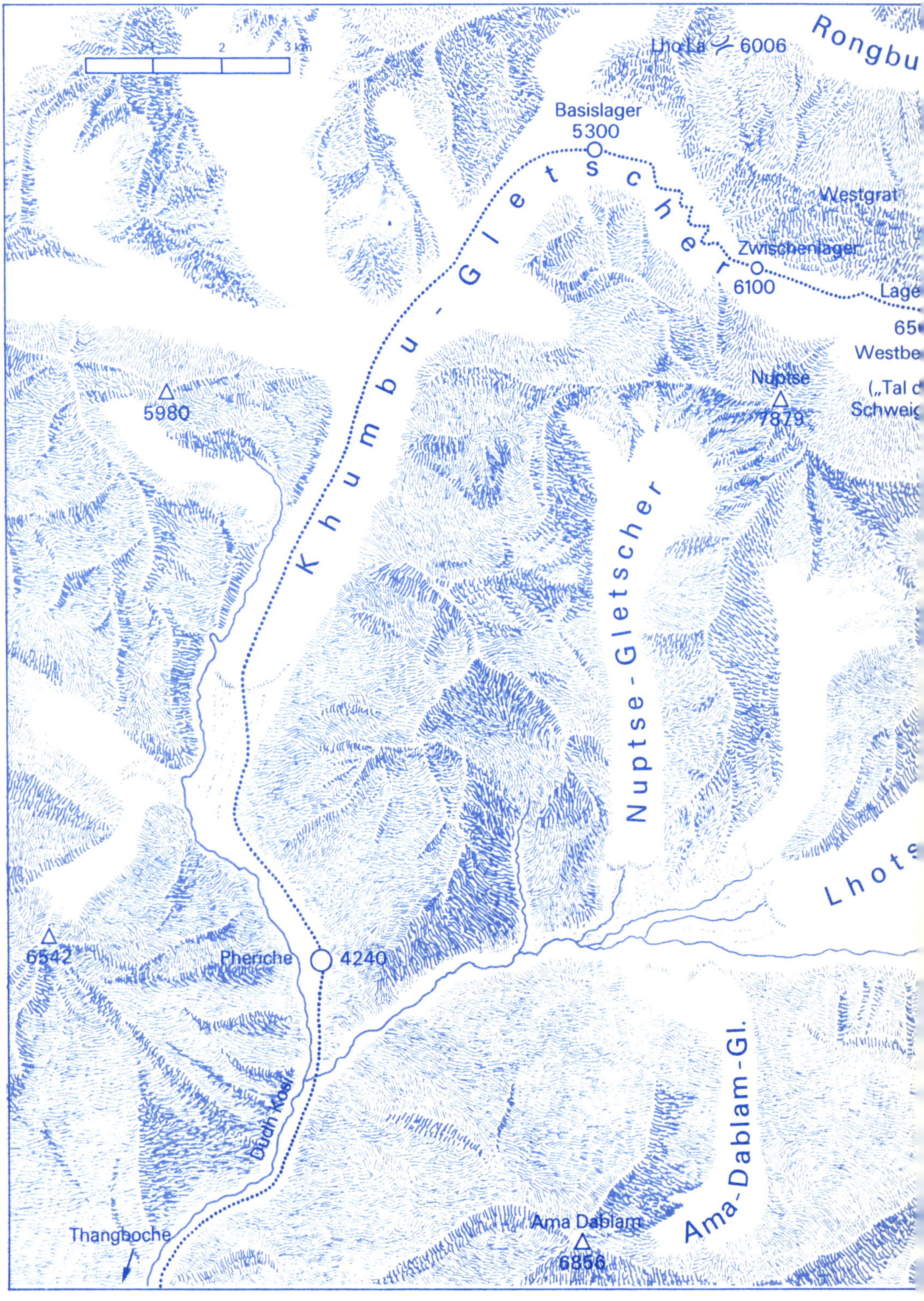

1
2
3 km
Lho La 6006
Rongbu
Basislager
5300
Khumbu-Gletscher
Westgrat
Zwischenlager
6100
Lage
65
Westbe
Nuptse
7879
(„Tal d
Schweig
5980
Nuptse-Gletscher
Lhots
6542
Pheriche
4240
Dudh Kosi
Ama-Dablam-Gl.
Ama Dablam
6856
Thangboche